GABI VIOLETA

Naturalmente Bruxa

DESPERTE A MAGIA QUE EXISTE EM VOCÊ!

2ª edição

Copyright © Gabi Violeta, 2022
Copyright © Editora Planeta do Brasil, 2019, 2022
Todos os direitos reservados.

Preparação: Alice Ramos e Renata Del Nero
Revisão: Laura Pohl, Vanessa Almeida e Matheus de Sá
Projeto gráfico e diagramação: Marcela Badolatto
Ilustrações de miolo: Alef Vernon (@alefvernonart)
e Sávio Araújo (@pijamakills)
Capa: Thaís Esmeraldo | Foresti Design

Dados Internacionais de Catalogação na Publicação (CIP)
Angélica Ilacqua CRB-8/7057

Violeta, Gabi	
Naturalmente bruxa / Gabi Violeta. – 2 ed. - São Paulo: Planeta, 2022.	
240 p.: il.	
ISBN 978-85-422-1930-2	
1. Feitiçaria 2. Magia I. Título I. Título	
22-5146	CDD 133.43

Índice para catálogo sistemático:
1. Feitiçaria

 Ao escolher este livro, você está apoiando o manejo responsável das florestas do mundo

2022
Todos os direitos desta edição reservados à
EDITORA PLANETA DO BRASIL LTDA.
Rua Bela Cintra, 986 – 4º andar – Consolação
01415-002 – São Paulo-SP
www.planetadelivros.com.br
faleconosco@editoraplaneta.com.br

SUMÁRIO

INTRODUÇÃO	7
O QUE É MAGIA?	10
MAGIA ANTIGA	12
A LIGAÇÃO DAS MULHERES COM A MAGIA	15
O PODER DAS BRUXAS HOJE EM DIA	17
O QUE AS BRUXAS NÃO SÃO E NÃO FAZEM	19
O VERDADEIRO SENTIDO DE SER BRUXA	22
QUALQUER PESSOA PODE FAZER MAGIA	24
PRINCÍPIOS DA MAGIA	27
ELEMENTOS	30
INSTRUMENTOS MÁGICOS	36
O ALTAR	56
O CÍRCULO MÁGICO	60
ORÁCULOS	64
CELEBRAÇÕES DAS BRUXAS	76
SABÁS MAIORES	80
SABÁS MENORES	89
FASES DA LUA	97
ECLIPSE	102
ESBÁS	104
SIGNOS E PLANETAS	105
MAGIA PRÁTICA	110
MAGIAS DE LIMPEZA ENERGÉTICA	121
MAGIAS DE PROSPERIDADE	128
MAGIAS DE PROTEÇÃO	137
MAGIAS DE CURA E SAÚDE	145
MAGIAS PARA O AMOR	152
MAGIAS DE INTUIÇÃO E CLARIVIDÊNCIA	162
OUTRAS MAGIAS	175
TABELAS DE CONSULTA	182
O USO MÁGICO DAS ERVAS, FRUTAS E PLANTAS	185
CRISTAIS	190
INCENSOS PARA CADA FINALIDADE	195
CARACTERÍSTICAS DOS SIGNOS	197
A ENERGIA DOS PLANETAS	201
SIGNIFICADO DOS SÍMBOLOS	204
RUNAS NÓRDICAS	214
RUNAS DAS BRUXAS	219
A ENERGIA DOS NÚMEROS	222
SIGNIFICADO DOS ARCANOS MAIORES DO TARÔ	224

Para todos os aprendizes e praticantes da bruxaria natural – que chamo carinhosamente de "criaturas" –, gratidão imensa por me permitirem estar no caminho mágico de vocês e por fazerem parte do meu.

INTRODUÇÃO

Este livro é mágico!

Não no sentido de voar nem de soltar faíscas, de ficar invisível ou de fazer chover.

Ele é mágico porque vai trazer informações que podem mudar a sua forma de enxergar o mundo e de lidar com algumas situações. Sabendo usar as informações contidas nele, você poderá transformar a sua vida. E essa sim é a verdadeira magia!

Neste livro você vai estudar sobre uma prática da bruxaria que com certeza já ouviu falar, mas provavelmente da maneira pejorativa.

Todo mundo conhece as bruxas dos contos de fadas, com aquele estereótipo de uma mulher velha, feia e maldosa. Mas as bruxas e os bruxos verdadeiros não são desse jeito. Todos são, na verdade, pessoas comuns, com família, trabalho, amigos e que buscam na natureza a energia do equilíbrio e do bem-estar para as suas vidas.

Infelizmente, a palavra "bruxa" foi usada durante muito tempo como sinônimo de algo ruim e, por isso, diversas pessoas ainda se assustam quando alguém diz que pratica a bruxaria. É por isso que é importante espalharmos o conhecimento sobre essa prática, como os usos da energia da natureza em benefício da cura, da sabedoria, do bem-estar, da prosperidade e do amor para as nossas vidas.

Existem vários segmentos de bruxaria, mas neste livro será abordada aquela que trabalha com a simplicidade de usar tudo o que tivermos à nossa disposição. Podemos usar o fogo, o vento, as plantas, a água, os símbolos e, é claro, a própria energia que possuímos. Assim, por trabalhar com a energia que a natureza nos fornece, este segmento é chamado de Bruxaria Natural.

Muitos de nós aprendemos na infância a amar e a respeitar a natureza. No entanto, conforme vamos crescendo, nossa vida vai se preenchendo com outras atividades e interesses, e a nossa ligação com a natureza começa a adormecer.

Até que um dia tudo aquilo que fazemos no nosso dia a dia parece não nos completar mais, como se faltasse alguma coisa. Nesse momento, aquela ligação que existia na infância começa a despertar, pois é chegada sua hora de voltar, de ser alimentado e de crescer dentro de você.

Se você se interessou por este livro é porque a sua ligação despertou e está pronto para receber todo o conhecimento necessário para haver crescimento. Afinal, o conhecimento está não só em livros como este, mas também em sua rotina, em sua maneira de enxergar o mundo, nos erros que você

poderá cometer com o intuito de aprender lições, além das pessoas que o universo colocará em sua vida para indicar um caminho: "é por aqui que você deve caminhar".

A leitura deste livro provavelmente será apenas o primeiro passo para o seu crescimento pessoal. Por isso, estude todas as informações com muita calma, assimilando tudo e procurando adicionar os conhecimentos aprendidos em sua vida.

Da mesma forma que a natureza cria tudo lenta e delicadamente para ter os resultados mais belos, como as plantas, as montanhas e os mares, dedique-se ao seu aprendizado com muita paciência e você terá resultados incríveis.

O QUE É MAGIA?

Em uma noite fria, o pai de um garoto resolve fazer uma pequena fogueira em seu quintal. O garoto se anima, sabendo que poderá aproveitar aquele momento. Então, ele corre para seu quarto e escreve em um pequeno papel um desejo no qual vem pensando há vários dias.

De volta ao frio da noite, ele aguarda as chamas da fogueira ficarem mais intensas enquanto segura o papel com o pedido nas mãos e imagina o desejo sendo realizado.

Enfim, o garoto joga o papel na fogueira e vê as chamas o queimarem rapidamente. Ele sorri com a certeza de que seu pedido será realizado. Essa é a magia sendo feita!

Todas as coisas que existem têm uma vibração. Essa vibração é o que chamamos de energia, e a magia é a manipulação dessa energia.

Quando nós temos o conhecimento do tipo de energia contida em um objeto ou um ser, é possível usá-la a nosso favor. Foi isso que o garoto fez ao queimar o papel na fogueira. Ele sabia que o fogo tinha a energia de transformação, então transformou as suas palavras escritas em energia.

Além disso, também sabia que seu pedido não iria acontecer imediatamente, pois entendia que a magia da natureza é mais sutil, e por isso o seu pedido iria demorar um tempo para se concretizar.

Para fazer magia não é preciso muito. O garoto não precisou de objetos difíceis de encontrar. Afinal, todo o poder necessário estava ali, na natureza e dentro dele mesmo.

Essa é a magia mais pura e simples, capaz de nos transformar por dentro e por fora.

Muita gente se interessa pela magia a fim de realizar seus desejos, de prosperar e adquirir bens materiais – porém, essa é apenas uma das poucas maravilhas que a magia pode trazer para a nossa vida.

A magia nos conecta com a natureza, equilibra nossa mente, nosso corpo e nosso espírito. Ela pode nos levar ao autoconhecimento e a aceitar a nós mesmos como somos. Considere então a realização dos desejos mais egoístas, como ganhar mais dinheiro ou encontrar um amor, como apenas um bônus dentre as possibilidades que a magia pode nos proporcionar, se soubermos como usá-la.

MAGIA ANTIGA

O contato do ser humano com a magia vem desde a Pré-História, quando ainda era desconhecido o funcionamento da natureza, e por isso havia medo e respeito.

O ser humano daquela época acreditava que era necessário fazer um ritual para os fenômenos inexplicáveis. Desse modo, eram feitos rituais para o Sol nascer, para as mudanças da Lua, e desenhavam representações da caça nas paredes para terem bons resultados na caça.

Tudo para os seres humanos da Pré-História era sagrado: a terra, a água, os animais e também as mulheres, pois não havia explicação para o fato de alguns seres conseguirem gerar vida e outros não.

O contato dessas pessoas com a natureza era íntegro e puro. Elas conheciam, por meio da observação, a energia tanto das plantas e pedras quanto dos animais e pessoas. Então, passaram a usar artigos da natureza em rituais, como amuletos para atrair energias de proteção, de fertilidade e de boa caça.

A partir daí, o contato com a magia foi crescendo, e com o tempo as pessoas passaram a criar rituais mais complexos em que estavam presentes gestos, danças, ervas para cura ou para fins alucinógenos – já que acreditavam que dessa maneira teriam um contato maior com o divino.

Depois do surgimento do cristianismo, a magia teve de ser escondida devido às leis que proibiam as práticas da bruxaria, mas nunca foi esquecida. Ainda assim, os povos dessas culturas que não queriam abandonar as suas tradições adequavam os rituais e as celebrações a essa nova religião ou, simplesmente, praticavam sua magia em segredo.

A magia reapareceu com mais força muito tempo depois, no século XX, quando a última lei contra bruxaria foi abolida. Finalmente, era possível falar novamente sobre o tema. Foram lançados livros sobre as práticas e os conhecimentos da magia, guardados em segredo e passados de geração em geração. Esses conhecimentos começaram a desmistificar a visão diabólica que pairava sobre a bruxaria. Muitas pessoas continuaram acreditando que a magia era uma prática satânica, mas outras descobriram ali uma ligação com os seus ancestrais. Assim, a prática da bruxaria foi adotada por muitas pessoas que passaram os ensinamentos para seus descendentes.

A LIGAÇÃO DAS MULHERES COM A MAGIA

Uma garotinha colhe flores para colocar em um livro de coleção; uma benzedeira adentra a mata em busca de ervas de cura; uma mãe prepara um chá e mentaliza a saúde do seu filho; uma moça desenha as iniciais de seu amor em uma folha com formato de coração. Todas essas são manifestações da ligação forte das mulheres com a natureza.

A sensibilidade natural feminina fez com que muitos povos respeitassem e venerassem as mulheres como divinas.

O poder das mulheres consistia em sabedoria, conhecimento, sensibilidade, determinação, intuição e dinamismo ao conciliar tudo isso na vida em sociedade, e, portanto, exercer o papel de filha, mãe e avó.

As mulheres adquiriram alguns atributos porque costumavam passar muito tempo cuidando de si e dos outros. Além disso, por serem pacientes ao observar e esperar pelos acontecimentos, e pela delicadeza em fazer tudo da melhor maneira, elas ficaram mais próximas das energias da natureza. Então, assimilaram conhecimentos sobre plantas, animais, estações do ano, fases da lua e comportamento do corpo e da mente humana.

Tantos poderes são contidos nas mulheres, inclusive o da sedução, e por isso alguns consideravam essas habilidades uma ameaça. Com base nesse desconhecimento, as mulheres foram difamadas, sendo atribuído a elas o planejamento sobre coisas malignas ou serventia ao diabo.

Essas mulheres, então, passaram a ser chamadas de bruxas – seres malignos que queriam dominar o mundo –, e não mais representantes de um ser poderoso e divino.

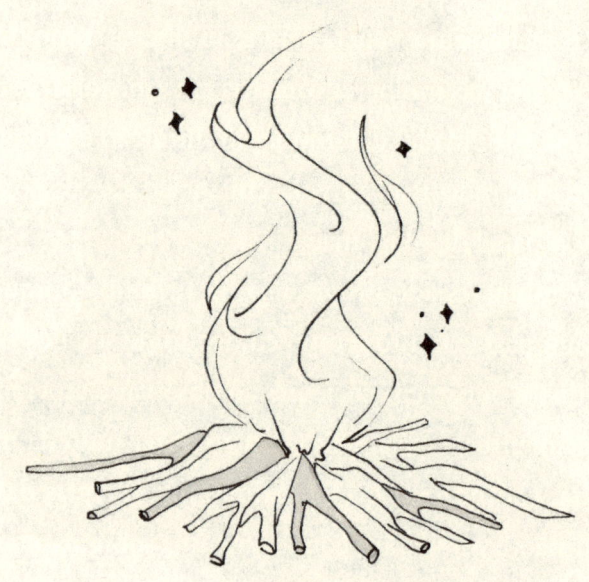

O PODER
DAS BRUXAS
HOJE EM DIA

Aos poucos, a palavra "bruxa" está deixando de ser um termo pejorativo. É claro que ainda há certo desconhecimento acerca da bruxaria e, por isso, dúvidas sobre a existência de bruxas e bruxos. Por causa disso, a ideia que se tem é de que as magias praticadas são para o mal e invocações de demônios.

Apesar disso, nós conseguiremos dissolver a imagem ruim que atribuíram às mulheres que eram tão poderosas a ponto de suportar coisas terríveis para que hoje pudéssemos ser quem somos.

Não somos mais aquelas mulheres que precisavam esconder suas magias para que o mundo não as castigassem. Hoje podemos dizer com orgulho que somos descendentes das bruxas que não morreram queimadas ou afogadas.

Nossas ancestrais eram curandeiras, parteiras, benzedeiras, sacerdotisas, conselheiras, xamãs e guerreiras. Nós somos a essência de tudo isso, e também somos professoras, advogadas, administradoras, artistas e donas de casa.

Nossa maior semelhança com as bruxas antepassadas é o poder que há dentro de nós, e iremos continuar nossa luta

para mostrá-lo ao mundo. Afinal, é um poder único de cada ser, um poder divino e, é claro, um poder natural.

Os ensinamentos que a bruxaria oferece podem englobar todas as pessoas que quiserem melhorar a si mesmas e o mundo, sejam mulheres, homens ou crianças. Afinal, todos temos muito para aprender e evoluir, e ensinar também. Então, permita que a centelha mágica que há em você acenda a chama que pode transformar você em bruxa ou bruxo. Assim, juntos vamos desmistificando o nome da bruxaria, e quem sabe em breve o significado de "bruxa" passe a ser um grande elogio.

O QUE AS BRUXAS NÃO SÃO E NÃO FAZEM

A maior luta das bruxas, atualmente, é mostrar ao mundo a verdade sobre as práticas da bruxaria.

Muitos filmes e histórias infantis retrataram as bruxas como mulheres maldosas, e exageram ao mostrar mulheres feias, corcundas, com a pele verde e verrugas no nariz como a verdadeira imagem de representação da bruxa.

Conseguir mostrar para as pessoas que as bruxas de verdade existem, mas não da maneira que imaginam, não é uma tarefa fácil. Por isso, vamos começar pelo mais comum: a imagem infantilizada de uma bruxa.

As bruxas de verdade são pessoas comuns como eu e você. Não há relações entre a prática da bruxaria e uma aparência com a pele verde e o nariz grande.

As bruxas também não comem nem fazem poções com coisas nojentas, como minhocas, olho de sapo e pelo de gato. A ideia desses itens inusitados vem de bruxas que queriam proteger as suas receitas de pessoas curiosas e, para manter o segredo, inventaram nomes diferentes para os ingredientes. Por exemplo, quando se fala em minhoca, na verdade, refere-se a macarrão espaguete, o olho de sapo trata-se da azeitona e o pelo de gato, do capim-cidreira.

Na bruxaria nós aprendemos a respeitar a vida, tanto nossa quanto a de qualquer outro ser vivo. Por isso, não faria sentido as bruxas sacrificarem recém-nascidos ou animais para fazerem suas magias.

As bruxas também não voam em vassouras – outra mentira comum sobre o mundo das bruxas. Esse mito tem origem nas mulheres que cuidavam das plantações, que ao subir em suas vassouras, pulavam enquanto entoavam encantamentos para que as plantas crescessem mais rápido. Outra possibilidade também é a de que algumas mulheres escondiam plantas alucinógenas nas suas vassouras e, quando as usavam, tinham a sensação de estar voando.

Depois da imagem infantilizada, há uma outra ideia comum sobre as bruxas. Muitos acreditam que elas podem sim ser pessoas comuns e viver em sociedade, mas que, dentro de suas casas, realizam rituais satânicos e pactos com o diabo.

As bruxas não fazem nada disso. Os rituais são feitos para abençoar vidas, feitiços para atrair boas energias e encantamentos para a conexão com o divino e com a natureza. Essa associação entre as bruxas e o diabo foi inventada há muito tempo, a fim de difamar os conceitos da bruxaria e deixar as pessoas com medo a ponto de não quererem ser bruxas.

Mesmo sem saber o verdadeiro propósito de praticar magia, algumas pessoas costumam se referir às bruxas como pessoas ruins.

Independentemente da bruxaria, da mesma maneira que existem pessoas boas e más, também podem existir pessoas que fazem rituais com más intenções. No entanto, esse tipo de ritual não condiz com a filosofia da bruxaria. Como vimos, nós, as bruxas, buscamos o equilíbrio e o bem-estar e não usamos a magia para maldades.

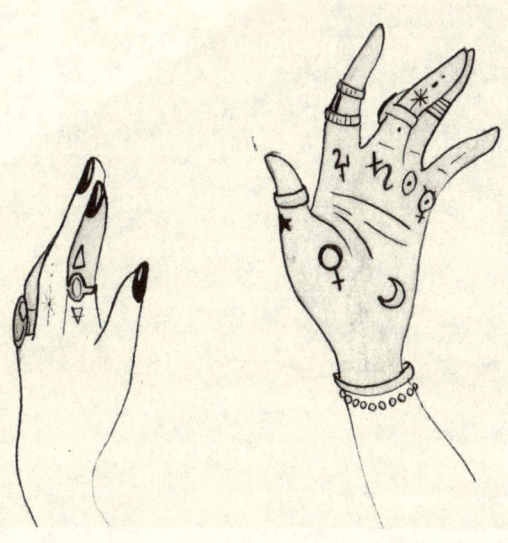

O VERDADEIRO SENTIDO DE SER BRUXA

Nos dias de hoje, depois que a bruxaria deixou de ser vista como algo ruim, o interesse pelo mundo da magia aumentou. Infelizmente, algumas pessoas levaram mais para o lado do modismo, preocupando-se pouco com autoconhecimento. Afinal, ser uma bruxa não consiste em usar roupas escuras e acessórios com símbolos mágicos, ainda que uma bruxa possa sim se apropriar desse estilo, contanto que ela se sinta bem com isso.

Também é preciso lembrar que ser bruxa não é fazer feitiços e poções por qualquer motivo, mas sempre que houver um propósito sério.

As práticas mágicas de uma bruxa não precisam ser segredos, apenas se isso for importante para a bruxa. Se por entender que muitas pessoas não enxergam a magia de maneira positiva, o que pode causar certo desconforto, ela pode manter sua bruxaria em segredo.

Então, o verdadeiro sentido de ser uma bruxa é conhecer a si mesmo, por meio do reconhecimento das próprias qualidades e controle dos defeitos.

Ser uma bruxa também é aprender a sentir a energia das coisas ao redor e saber como utilizá-la a seu favor.

Além disso, é preciso saber que nem sempre os feitiços vão dar certo, mas que esse processo faz parte do aprendizado, a fim de se tornar melhor.

Conseguir transformar os acontecimentos ruins em lições que podem trazer evolução fazem parte da trajetória das bruxas. Então, o que antes era visto como um castigo transforma-se em aprendizado.

Por fim, além de todas essas características, a bruxa busca fazer o bem para si mesma, espalhar o bem para outras pessoas, ajudar a quem pede auxílio, ser grata, tudo isso a fim de tornar o mundo um lugar mais agradável e perpetuar a lição ensinada pela Mãe Natureza.

QUALQUER PESSOA PODE FAZER MAGIA

Ainda nos dias atuais, há quem pense que para ser bruxa é preciso ter nascido em uma família de bruxas ou ter o dom da magia. Na realidade, qualquer pessoa pode ser bruxa ou bruxo.

Se ela nasceu em uma família que já segue as tradições da bruxaria por gerações, será muito mais fácil aprender e praticar a magia, pois haverá o apoio da família.

No entanto, se na família não houver ninguém com esses conhecimentos, e mesmo assim houver interesse, pode ser feita a prática da magia individualmente. Assim, com muito estudo e dedicação, o conhecimento e a prática são assimilados aos poucos.

Da mesma maneira, se houver facilidade de uma pessoa sentir a energia de pessoas e objetos, ou ao fazer um pedido para uma estrela cadente e ser atendido, ou, ainda, saber quando vai chover sem que haja nuvens no céu, se costuma ter sonhos premonitórios ou tem a intuição muito alerta aos acontecimentos, são todos aspectos que apontam para um dom natural com a magia. Então, a partir disso, se houver dedicação aos estudos, em pouco tempo a evolução e o aprimoramento da intuição e da ligação com a natureza se desenvolverão mais.

A possibilidade de desenvolver dons por meio do estudo e da prática da magia não se limitam a pessoas que têm essas características sensíveis. O mais importante é ter vontade de se dedicar e de saber que o conhecimento é um processo lento e, por isso, não é adquirido de um dia para o outro.

Então, se essa for uma realidade presente na vida de qualquer pessoa, faz-se necessário pesquisar, estudar, questionar e na hora certa, em que houver confiança, praticar.

As práticas da magia não estão relacionadas à ausência ou presença de religião, ou seja, não é preciso fazer parte de uma religião ou abandonar sua crença. Como as práticas estão ligadas ao uso apenas das energias da natureza e da própria energia, não há problema juntar as duas práticas na sua vida.

É claro que, como toda tradição antiga, na bruxaria nós temos alguns costumes que englobam as celebrações das estações do ano, os rituais, o uso dos instrumentos mágicos e a formação de altares. Nada é obrigatório, porém, e as pessoas fazem aquilo que querem e tocam o coração delas. Tudo isso existe apenas para que as pessoas tenham uma ligação maior com a energia trazida para a vida de cada um, mas não significa que se não for feito, o universo não trará as energias.

Não importa a maneira como a prática da magia acontece, se com vários instrumentos mágicos ou apenas com uma folha e um cristal, se você acredita em apenas um deus, em vários ou em nenhum, ou se acredita em fadas, gnomos e sereias. Nada disso irá influenciar na sua prática.

A única coisa essencial é o respeito a todos, à natureza, aos outros e a si mesmo.

PRINCÍPIOS DA MAGIA

Apesar de o assunto parecer muito simples, não se pode achar que a magia deve ser usada para qualquer propósito desejado.

Para que a magia existisse de forma simples e confortável, muitas pessoas que a praticaram, por vezes de forma errônea, passando por situações difíceis, tiveram de aprender lições a fim de poder perpetuá-las com zelo. Algumas pessoas chamam essas lições de "regras da magia", mas prefiro não chamá-las desse jeito, pois não há regras na magia.

Grande parte das pessoas quando se deparam com certas regras ficam desconfortáveis, e acabam desistindo ou fazendo o contrário daquilo que foi orientado. É melhor dizer que essas lições são conselhos de pessoas experientes, como conselhos de avó. Dessa maneira, como nós não queremos errar e sofrer consequências desagradáveis, o ideal é seguir os conselhos sugeridos.

⋄ **FAÇA SUA VONTADE SEM PREJUDICAR A NINGUÉM**

A ideia empática de que não devemos fazer com outra pessoa o que não gostaríamos que fizessem conosco deve guiar nossas escolhas. Ou seja, ao realizar uma magia, é prudente pensar muito bem se o que foi desejado não irá interferir e prejudicar a vida de outra pessoa. Afinal, não é porque adquirimos determinado conhecimento que vamos interferir na vida de outras pessoas a fim de suprir os nossos desejos.

Se uma pessoa precisa de ajuda e concedeu permissão para fazer uma magia para ela, não há problema algum em fazer, mas é bom pensar muito bem se a energia da pessoa não interfere na energia de quem elabora a magia.

Afinal, o ideal é que ninguém se prejudique, inclusive quem está fazendo a magia.

⟡ TUDO O QUE FAZEMOS VOLTARÁ PARA NÓS

Todos já devem saber que toda ação provoca uma reação. Se são atos que visam ao bem, o retorno será o bem; se são atos que visam ao mal, o mal retornará. Ou seja, a simples lei de causa e efeito.

Alguns segmentos da magia trabalham com a ideia de que todos os efeitos voltam triplicados, pois quando fazemos uma magia, ela tem a energia que nós geramos, a energia sendo enviada e a energia do objetivo sendo atingido. Logo, quando toda essa energia retornar, ela será triplicada.

⟡ SOMENTE FAÇA MAGIA COM ALGUM PROPÓSITO

Durante os estudos, o contato com magias interessantes, feitiços e rituais para diversas situações é tão intenso que é impossível não ter a curiosidade de colocar todos em prática. Por isso, a necessidade de fazer aquele feitiço ou ritual naquele momento deve ser avaliada. Se não tinha a intenção explícita de fazê-lo, se não havia uma busca por determinada magia, então não há por que fazer.

Outra questão é quando não há certeza sobre precisar fazer um feitiço, ou não. O melhor é fazer a reflexão se o objetivo desejado precisa mesmo de magia para ser alcançado. Muitas vezes é preciso apenas de um pouco de iniciativa, conversa ou disciplina para realizar alguma coisa.

ELEMENTOS

Na magia, trabalha-se bastante com os quatro elementos principais que compõem o universo: terra, fogo, água e ar.

Esses elementos compõem tudo o que existe, e estão na floresta, na praia, na rua, nos quintais, dentro das casas e até mesmo dentro do corpo humano. Eles nem sempre vão ter a forma pura esperada, mas o mais importante, ao trabalhar com a magia, é saber separar e classificar tudo dentro dos quatro elementos. Dessa maneira, é possível entender como funciona a magia e manipular as energias da melhor forma possível.

No início pode ser um pouco difícil perceber a representação dos quatro elementos em algo ou algum lugar, mas aos poucos, com certo treino, fica mais simples do que parece e até mesmo divertido. No início, os lugares fáceis podem ser uma opção para identificar os elementos, por exemplo, ao observar uma praia. Na praia, o elemento fogo está no Sol, o elemento ar está na mistura que respiramos e no vento, o elemento terra encontram-se nas pedras e na areia, e o elemento água obviamente é o mar.

Já no caso de um objeto, como uma vela, o elemento fogo é a chama, o elemento terra é o corpo da vela, a água é a cera que derrete, e o ar é a fumaça que sai da vela.

Não é sempre que os quatro elementos estarão em um único objeto, pode ser que apenas um dos elementos se apresente. Entretanto, é importante buscar essa associação sempre pois facilita bastante na hora de fazer qualquer feitiço ou ritual.

Assim como tudo no universo é formado pelos quatro elementos, nós também somos. Em nossa constituição (física e psíquica), o elemento terra é o próprio corpo, a água são as emoções, o ar são os pensamentos e comunicação, e o fogo é a ação e criatividade.

Esses elementos precisam sempre estar equilibrados para que possamos ficar bem. Se um dos elementos estiver mais exaltado, o elemento oposto estará mais ameno, e os reflexos disso afetam a vida.

Por exemplo, se o elemento água estiver muito elevado, o elemento fogo começa a diminuir, consequentemente a pessoa começa a ficar sem criatividade e sem vontade de agir. Então, ela precisa reequilibrar o elemento fogo para ser mais ativa e criativa.

Para equilibrar os quatro elementos, é preciso encontrar algo que represente aquele elemento que está ofuscado e incluí-lo nas rotinas da sua vida. Um objeto, a cor, o símbolo ou um signo correspondente àquele elemento podem ser usados em feitiços ou meditações.

A seguir, estão as correspondências de cada elemento.

FOGO
Atributos: energia, vitalidade, espiritualidade, poder, coragem e paixão.
Representação: chamas, Sol, fogueira, raio, estrelas e vulcões.
Correspondência no corpo: espírito.
Ponto cardeal: Sul.

Estação do ano: verão.

Cores: vermelho e laranja.

Instrumentos do altar: vela e varinha mágica

Signos: Áries, Leão e Sagitário.

Animais: leão e tigre.

Naipe do tarô: paus.

TERRA

Atributos: estabilidade, prosperidade, crescimento, força física e sustentação.

Representação: pedras, montanhas, plantas, cavernas e solo.

Correspondência no corpo: carne e ossos.

Ponto cardeal: Norte.

Estação do ano: inverno.

Cores: verde, marrom e preto.

Instrumentos do altar: pentagrama e cristais.

Signos: Touro, Virgem e Capricórnio.

Animais: lobo, urso e touro.

Naipe do tarô: ouros.

ÁGUA

Atributos: emoção, fertilidade, amizade, amor, cura e intuição.

Representação: mares, lagos, rios, fontes, conchas e chuva.
Correspondência no corpo: sangue.
Ponto cardeal: Oeste.
Estação do ano: outono.
Cores: azul-escuro, prata e branco.
Instrumentos do altar: cálice, caldeirão e conchas.
Signos: Câncer, Escorpião e Peixes.
Animais: peixe, animais marinhos e cobra.
Naipe do tarô: copas.

AR

Atributos: pensamento, alegria, inteligência, harmonia e inspiração.
Representação: vento e tempestade.
Correspondência no corpo: respiração.
Ponto cardeal: Leste.
Estação do ano: primavera.
Cores: branco e amarelo.
Instrumentos do altar: incenso, espada, athame e penas.
Signos: Gêmeos, Libra e Aquário.
Animal: pássaro.
Naipe do tarô: espadas.

ÉTER, O QUINTO ELEMENTO

Além dos quatro elementos, também existe um quinto chamado de éter, que é a união dos elementos fogo, terra, água e ar. Portanto, esse é o elemento mais completo e mais puro.

O éter é o elemento que representa uma parte do divino dentro de nós e que faz com que nos elevemos espiritualmente para nos tornarmos melhores.

INSTRUMENTOS MÁGICOS

Na bruxaria, além de usarmos a nossa magia interior, também usamos a magia da natureza. Além disso, nós podemos ter o apoio de alguns instrumentos que, à primeira vista, parecem comuns, mas são impregnados de energia que nos ajudam a potencializar os feitiços e rituais. Por isso, esses instrumentos são chamados de mágicos.

Não é obrigatório que o praticante de magia utilize todos os instrumentos mágicos, mas é importante conhecer o simbolismo deles e saber que a energia deles sempre ajuda a praticar a magia.

Esses instrumentos podem ser naturais como os cristais e as ervas ou podem ser ferramentas comuns, confeccionadas e consagradas para ter um poder específico.

É muito comum vermos, em filmes, bruxas voando em suas vassouras ou empunhando uma varinha mágica que solta raios. É verdade que esses são alguns dos instrumentos das bruxas, porém, eles não funcionam dessa maneira na vida real.

A varinha mágica não solta raio nenhum e nenhuma bruxa vai conseguir voar com uma vassoura sem a ajuda de efeitos especiais do cinema.

Apesar de não enxergarmos a magia acontecendo na prática, ela com certeza está sendo feita. Os instrumentos mágicos funcionam muitas vezes de maneira psicológica, de maneira que a nossa mente visualize a energia sendo criada ou manipulada. Entretanto, isso não significa que os instrumentos realmente não funcionem. Afinal, o poder está em realizar a magia e em quem está no comando. Se a pessoa domina a magia, ela acontecerá.

✧ CALDEIRÃO

O caldeirão é um símbolo muito tradicional da bruxaria, e está relacionado à origem da vida. Em outras palavras, ele é o útero da grande Mãe Natureza, lugar onde tudo nasceu e para onde tudo retornará.

No altar, o caldeirão é usado para representar o elemento água, já que ela também representa a vida.

Por esses motivos, o caldeirão é usado para criar e transformar, pois com ele as bruxas queimam pedidos e fazem poções. Ele também pode ser utilizado para preparar comidas mágicas, mas, nesse caso, precisa ser reservado somente para este fim. Por isso, é muito comum que muitos praticantes tenham mais de um caldeirão.

O caldeirão mais utilizado na bruxaria é o de ferro, porém, também é possível usar os caldeirões de barro. Geralmente os caldeirões têm três pés, pois além de servirem de suporte para não queimar o local onde for depositado, ainda representam a triplicidade e o crescimento.

✧ **VASSOURA**

A vassoura é o instrumento mais conhecido da bruxaria. Todos nós crescemos vendo aquele estereótipo da bruxa voando em uma vassoura. Porém, a vassoura da bruxa não tem a função de fazer a bruxa voar, e sim de purificar o ambiente. Assim como nós fazemos uma limpeza em nossa casa com a vassoura comum, a vassoura de bruxa faz a limpeza energética antes de um ritual ou purifica o nosso lar. Para isso, é necessário varrer o ar sem tocar a vassoura no chão e mentalizar a purificação da casa, expulsando as energias negativas em direção à saída.

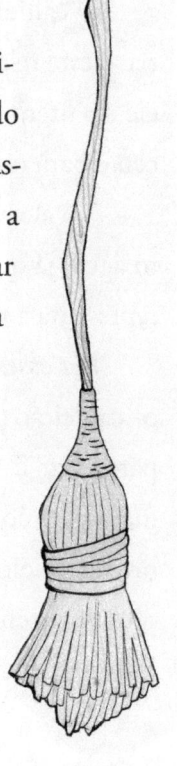

A vassoura também é usada para proteger de energias negativas. Nos rituais ela é posicionada na entrada do círculo mágico para purificar quem entra e impedir que energias ruins invadam o espaço.

Muitas pessoas usam a vassoura para proteger o lar contra visitas indesejávcis, colocando-a atrás da porta de entrada.

Outra maneira de se proteger é posicionar a vassoura embaixo da cama para proteger quem dorme contra sonhos ruins ou para ajudar na viagem astral.

Ela também pode ser usada em feitiços de fertilidade, visto que o cabo representa o masculino e a piaçava representa o feminino. Por isso, as bruxas do campo montavam em suas vassouras e pulavam para incentivar as plantações a crescerem mais.

✧ **VARINHA MÁGICA**

A varinha também é conhecida por bastão ou vareta e é usada na bruxaria para canalizar a energia em uma magia ao consagrar um objeto, ao potencializar um pedido ou abrir um círculo mágico.

Em algumas tradições da bruxaria, a varinha representa o elemento fogo, e em outras, o elemento ar.

A varinha funciona como uma extensão do corpo de quem a utiliza, contendo a energia e ampliando o poder.

Tradicionalmente, a varinha é feita de madeira, mas também pode ser feita de metal.

Algumas bruxas gostam de fazer as próprias varinhas, para que o instrumento tenha a sua energia desde o corte até a consagração. É muito comum escolherem a árvore de onde será retirado o galho, considerando o simbolismo daquela planta.

A macieira, por exemplo, é uma árvore com a energia de sabedoria, a limeira tem a energia de cura. Essas energias podem servir para definir o propósito da varinha, já que uma pessoa pode ter várias varinhas e usar cada uma para uma finalidade.

Outra maneira de definir a energia da sua varinha é colocando um cristal em uma extremidade. Cada cristal possui um tipo de energia e é possível aproveitá-la para concentrar mais poder na varinha. As varinhas usadas para magias de cura podem ser feitas com um quartzo verde; aquelas para magias de proteção, com uma obsidiana; ou uma varinha para magia de transmutação de energias, com uma ametista, por exemplo.

Os símbolos mágicos podem ser desenhados ou esculpidos nas varinhas para definir uma energia específica e aumentar ainda mais o poder de quem as usa.

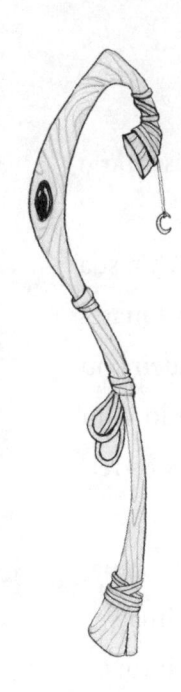

✧ CAJADO

O cajado funciona como a varinha, mas ele tem um tamanho maior. Da mesma forma que a varinha, esse instrumento canaliza energias e potencializa magias. Ele pode ser usado para abrir círculos mágicos, consagrar objetos e equilibrar energias.

O cajado também pode ser feito de madeira e enfeitado com símbolos mágicos e cristais. Alguns praticantes gostam de esculpir animais em seu cajado para atrair a energia daquele animal. Por isso é muito comum nos cajados as cobras esculpidas, porque são a representação da sabedoria e do psíquico.

O cajado era um instrumento muito utilizado antigamente, não só pelo seu poder mágico, mas para servir de apoio nas caminhadas de bruxas e bruxos.

Hoje em dia, muitos preferem utilizar a varinha por ser mais prática, mas, em muitos *covens*[1], sacerdotes e sacerdotisas utilizam o cajado como símbolo de sabedoria e liderança.

✧ CÁLICE

O cálice, assim como o caldeirão, representa o útero da grande Mãe Natureza e a origem da vida.

---

1. *Covens* são grupos de pessoas que se reúnem para praticar bruxaria.

No altar, ele deve estar sempre cheio para representar o elemento água (emoções).

O cálice é utilizado de maneira tradicional, mas em sua ausência podem ser usados uma taça ou um copo. O material do cálice pode ser de metal, vidro, cerâmica, madeira ou até mesmo de chifre. Ele também pode ser decorado com símbolos mágicos para trazer ainda mais poder para os feitiços e rituais.

Além de ser usado para representar o elemento água, ele é usado para beber vinhos ou sucos no fim dos rituais.

Por ter uma representação feminina, emotiva e intuitiva, o cálice pode ser usado para uma prática conhecida como *scrying*, que é a arte da divinação, feita por meio da visualização de um líquido ou qualquer objeto que tenha reflexo.

⟡ PEDRAS E CRISTAIS

As pedras e os cristais são usados no altar para representar o elemento terra. Podemos nos reequilibrar com o elemento terra em meditações, feitiços ou rituais, utilizando qualquer pedra, podendo ser uma pedra comum, encontrada em um jardim ou em um rio, ou um cristal lapidado de uma joia.

Os cristais não são utilizados apenas na bruxaria, afinal, todos os esotéricos e místicos os utilizam e se beneficiam com sua energia. Os cristais são capazes de equilibrar, transmutar, armazenar e transmitir energias, prática comum na magia e no autoconhecimento.

Eles podem ser usados de diversas maneiras, como em banhos, poções, meditações, em forma de amuletos ou apenas inseridos em um ambiente para emitir energias.

Saiba mais sobre a energia dos cristais na página 190.

⋄ PLANTAS E ERVAS

As plantas são os "instrumentos" mais presentes na bruxaria, por serem fáceis de encontrar e terem diversos benefícios.

Algumas bruxas acreditam que as plantas e ervas foram utilizadas na magia antes mesmo de descobrirem o uso medicinal e culinário de algumas delas.

Todas as plantas possuem um poder natural, que, usados com sabedoria, podem ajudar em magias para qualquer finalidade. Com elas, podem ser feitos feitiços, banhos mágicos, poções, comidas mágicas. Elas também podem ser inseridas em um ambiente para purificação ou transmutação de energias e, assim como as pedras e cristais, reequilibram o elemento terra.

Saiba mais sobre o uso mágico das plantas e ervas a partir da página 185.

⬦ ATHAME

O athame é um tipo de faca de dois gumes utilizada na bruxaria para cortar energias ruins e direcionar energias.

Esse instrumento contém a energia masculina e é usado para representar o elemento ar.

O athame não é um instrumento afiado, pois tem somente a função de cortar energia. Quando é necessário o uso de uma faca afiada para cortar ervas e outros ingredientes para fazer poções ou feitiços, os praticantes utilizam o boline, reservado somente para este fim.

A espada pode substituir o athame quando necessário, porque ela também possui dois gumes, e corta as energias em qualquer lado.

Algumas pessoas que desconhecem tais instrumentos acreditam que o athame é usado para sacrifícios durante rituais. Infelizmente, esse é um dos grandes mitos criados ao redor da prática da bruxaria.

Nos rituais e feitiços nunca são feitos sacrifícios de qualquer espécie, pois as bruxas acreditam na sacralidade da natureza, além de ter grande respeito pela vida de todos os seres. Afinal, ninguém tem o direito de sacrificar outro ser para se beneficiar da energia dele. O nosso direito acaba onde começa o direito dos outros.

◇ **INCENSO**

O incenso tem sido usado por diversas religiões e tradições há muitos anos. Acredita-se que a fumaça sendo elevada ao céu conecta o ser humano ao divino.

Hoje em dia existem vários tipos de incensos nas formas de resina, vareta, tablete, em pó e os naturais, que são feitos com ervas secas amarradas.

No altar, o incenso representa o elemento ar e normalmente é colocado em um incensário ou turíbulo, que podem servir para fazer defumações no ambiente.

Além disso, é comum o uso do incenso para a purificação e consagração de ambientes e objetos.

Muitas pessoas utilizam o incenso para a prática da meditação, por tornar o ambiente mais agradável.

Existem muitos tipos de fragrâncias que podem auxiliar nos rituais e feitiços de purificação, proteção, prosperidade, amor e bem-estar.

Saiba mais sobre a finalidade de cada incenso na página 195.

✧ **SINO**

O sino é um instrumento utilizado não só na bruxaria, mas em muitas religiões. Além de estar presente nos rituais e nas celebrações para chamar os participantes, acredita-se que o badalar do sino tem o poder de dispersar energias ruins e atrair energias boas. Ele representa o elemento ar e pode ser usado em feitiços de limpeza e harmonização, ou para marcar o início e término de um ritual. Normalmente é usado o sino tradicional, mas também há o sino tibetano ou o pin (comum no feng shui). Para proteger e atrair energias boas para o lar, usa-se o sino dos ventos, posicionado em uma janela ou porta.

✧ **VELAS**

As velas são os instrumentos mais utilizados na bruxaria moderna, pois representam o fogo, um dos elementos mais poderosos da natureza. Esse elemento liga o ser humano ao plano espiritual, e promove a purificação e a transformação. Por causa disso, as velas são utilizadas para fazer pedidos, agradecer, consagrar objetos, ou transmutar energias.

Cada cor de vela representa um tipo de energia a ser trabalhada na magia. A mais tradicional é a vela branca, que serve para qualquer finalidade, além de ser um excelente coringa para quem não tem instrumentos para fazer um feitiço.

Saiba mais sobre o significado das cores das velas na página 182.

⋄ LIVROS DE MAGIA

Na bruxaria é necessário estudar muito e sempre anotar seus conhecimentos, e por isso existem alguns livros que ajudam nesse processo.

O primeiro deles é o diário mágico, no qual são anotadas as observações das práticas mágicas, pensamentos, sonhos e notas pessoais. O segundo é o livro das sombras, que funciona basicamente como um livro de estudos, no qual são escritas informações teóricas da bruxaria como as fases da lua, as correspondências planetárias, as informações sobre ervas, os símbolos mágicos, os feitiços que foram feitos mas que ainda estão em fase de testes, os resultados desses feitiços e também notas pessoais dos nossos estudos. O último livro é o grimório, usado exclusivamente para anotar feitiços, rituais, encantamentos, receitas de comidas mágicas e poções que funcionaram e podem ser passadas para outras gerações. Portanto, nesses livros não são colocadas notas pessoais, somente informações claras e objetivas.

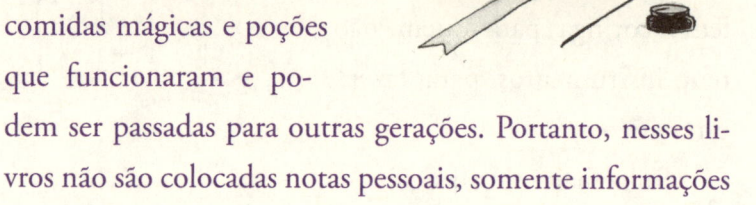

Alguns praticantes usam apenas um livro com a função dos três juntos, mas isso é uma questão de escolha, já que cada bruxa deve saber a melhor maneira de organizar seus estudos e práticas. Uma outra maneira de organizar os livros é dedicando um livro para cada tema, um para oráculos, outro para plantas, outro para poções etc.

✧ **CHAPÉU**

O chapéu pontudo era usado por diversos povos espalhados pelo mundo desde antes de Cristo, e representava o contato com os deuses. Alguns deles eram feitos de folhas de ouro e marcados com símbolos que representavam o Sol e a Lua.

Na Idade Média o chapéu pontiagudo era usado entre as pessoas mais influentes na sociedade. Eles acreditavam que o chapéu os tornava mais poderosos e próximos do divino.

Depois de passar a ser usado por pessoas de outros extratos sociais, o chapéu se tornou fora de moda. Com o tempo ele foi associado a todos que viviam no campo e às pessoas mais ligadas à natureza. Mais tarde, infelizmente, a história foi distorcida e as pessoas que ainda usavam o chapéu foram chamadas de bruxas, ao associarem o acessório aos chifres do diabo.

Na magia, o chapéu cônico simboliza, além da conexão com o divino, um potencializador de energias, da mesma maneira que as pirâmides.

Tradicionalmente, o chapéu de bruxa é preto por ser uma cor que traz proteção, mas pode ser confeccionado também em outras cores.

◇ **VESTIMENTA**

As capas e túnicas das bruxas e bruxos não são exatamente um instrumento mágico, mas podem ser muito úteis na magia quando o praticante resolve fazer uso delas.

Muitas pessoas pensam que as bruxas de hoje em dia se vestem com capas para se fantasiar, chamar atenção e, de alguma forma, fazer uma referência à era medieval, porém, na verdade, não é por esse motivo. Antigamente as túnicas e capas protegiam do frio, e os praticantes de magia passaram a utilizá-las para obter proteção energética.

Ao trabalhar com a magia é importante vestir roupas que não estejam carregadas de energias de outras pessoas e outros lugares. Além disso, também é interessante usar cores que irão nos ajudar com o objetivo mágico. Por exemplo, as roupas pretas servem para proteção, então elas são usadas quando se quer evitar ser atingido por energias, como ao fazer uma limpeza energética em outra pessoa. A roupa branca representa o contrário, pois são vestidas quando se quer receber as energias de uma magia, como um feitiço de prosperidade. Também podem ser usadas outras cores de acordo com o que você deseja, por exemplo, a cor vermelha para magias de amor, amarela para magias de sucesso, ou a cor roxa para magias de espiritualidade.

Muito se ouve falar sobre se "vestir de céu" para trabalhar com a magia. Isso significa ficar nu durante os rituais, o que nada tem a ver com sexo ou sexualidade. Por causa dessa prática, são comuns as histórias de bruxas que dançavam nuas na floresta. A realidade é que, vestidas de céu, as pessoas sentem mais a energia dos rituais, mas como muita coisa na magia, não é algo obrigatório, já que há quem não se sinta bem fazendo isso.

▷ FAZER OU COMPRAR INSTRUMENTOS MÁGICOS

A bruxaria nos ensina muitas coisas, uma delas é o ofício de criar os próprios instrumentos mágicos. Usa-se a criatividade para confeccionar cada peça com amor e alegria, depositando em cada detalhe um pouco da magia interior. Porém, nem todos os praticantes apresentam habilidades para trabalhos manuais, ou por falta de paciência ou por acharem que não têm domínio com trabalhos manuais. Por isso, as bruxas e os bruxos mais experientes começaram a comercializar seus trabalhos manuais, também feitos com muito carinho e magia nos detalhes.

Não há problema em adquirir em uma loja de produtos mágicos uma varinha, uma vassoura ou um caldeirão.

Dessa maneira, além de ter um instrumento bonito e bem feito, ainda ajuda outras bruxas e bruxos que o confeccionaram.

Lembrando que mesmo se o instrumento for comprado ou não, é necessário fazer uma limpeza energética e uma consagração nele antes de começar a usar.

▷ **CONSAGRAÇÃO DE OBJETOS**

Não há instrumentos mágicos por conta própria, primeiro é necessário consagrá-los para que eles tenham a energia desejada.

Ao comprar um instrumento, fazer ou ganhar, é preciso eliminar as energias indesejadas e depositar nele a própria energia ou a energia de que precisamos para trabalhar com a magia.

Podemos consagrar qualquer objeto, mesmo que ele não seja mágico, com um simples enfeite ou acessório ganhado e que inspire sorte ou proteção.

Antes da consagração é importante fazer uma limpeza energética no objeto para eliminar energias de outras pessoas que o seguraram ou de lugares onde ele ficou exposto. Para isso, o objeto pode ser passado na fumaça de um incenso ou próximo ao fogo, receber pingos de água, colocado sobre o sal grosso por alguns minutos. Todo o processo deve ser feito com a mentalização da limpeza energética do objeto. É possível fazer uma ou todas essas opções, só vai depender do tipo de objeto escolhido, já que muitos deles não podem ser molhados ou aproximados do fogo.

Depois de limpar as energias do seu objeto, é a hora de consagrá-lo. Existem várias maneiras de consagrar um objeto, e eu vou ensinar quatro delas.

A primeira consagração é usando somente os poderes pessoais e as intenções.

A maior ferramenta de um praticante de magia é a própria mente, pois com ela pode-se mudar a energia de alguma coisa e fazer com que ela tenha a energia desejada.

Para isso, é necessário segurar o objeto que deseja consagrar nas mãos, respirar profundamente, relaxar e tentar não pensar em nada ao redor, concentrando-se apenas em si e no objeto.

Então, deve-se começar a pensar na energia almejada, como sorte, proteção, harmonia, amor-próprio etc. Quando essa energia estiver clara na mente, deve-se imaginá-la sendo transferida para o objeto por meio das mãos. Assim que houver confiança de que a energia foi passada para o objeto, é o momento de respirar fundo novamente, e pronto: o objeto está consagrado.

A segunda maneira de consagrar um objeto é usando um dos quatro elementos principais da magia. Essa consagração é ideal quando um objeto precisa da energia de apenas um elemento. Por exemplo, consagrar uma varinha pelo elemento fogo e usá-la para transmutar energias, ou consagrar um anel pelo elemento água para manter o seu equilíbrio emocional durante o uso.

Para consagrar um objeto com um dos elementos, é necessário ter em mãos algo que represente o elemento.

O objeto deve ser aproximado do elemento que você deseja consagrar, o qual será representado, quem o estiver consagrando deve mentalizar a energia desejada. Quando a pessoa sentir que o objeto está impregnado com a energia do elemento, o objeto então estará consagrado.

A terceira consagração é usando os quatro elementos principais. Essa maneira de consagrar pode ser usada para qualquer objeto em que se deseja energia positiva, não importando sua finalidade.

Para consagrá-lo, é necessário que haja objetos que representem os quatro elementos em uma mesa ou no altar. Enquanto o objeto é aproximado dos elementos, deve-se mentalizar a energia correspondente de cada um. Por exemplo, ao passar o objeto através da fumaça do incenso, mentalizar a concentração, ao respingar água sobre ele, mentalizar o equilíbrio emocional, ao aproximá-lo da chama da vela, mentalizar a coragem e, por fim, ao colocá-lo sobre um cristal, mentalizar a prosperidade. É possível mentalizar o que preferir, contanto que estabeleça relação com a energia dos elementos.

Finalmente, a quarta maneira de consagrar um objeto é usando a energia do Sol e da Lua.

Essa consagração é ótima pra quando um objeto precisa ter a energia masculina e a vitalidade do Sol, ou a energia feminina e intuitiva da Lua.

Para consagrar com a energia do Sol, o objeto deve ser exposto à luz solar durante o dia inteiro e retirado antes do pôr do sol.

Já para consagrar com a energia da Lua, o processo é o mesmo, deixar o objeto sob a luz da lua a noite inteira e retirá-lo antes de amanhecer. Nesse caso, é ideal consagrar na lua cheia porque quando ela está mais brilhante no céu a consagração é mais poderosa.

Também pode-se consagrar um objeto com as duas energias, tanto do Sol quanto da Lua. Para isso, basta deixar o objeto em um lugar onde a luz da lua e do sol o atinjam.

O ALTAR

O altar é um lugar no qual cada pessoa estabelece a conexão com seu interior, e também com a natureza e com o divino. Nesse lugar sagrado, costuma-se fazer orações, meditações, feitiços, rituais e pedidos. Esse espaço é destinado para o bem-estar e equilíbrio das energias.

O altar não é exatamente um lugar enorme como um templo sagrado, pois ele pode ser montado em qualquer espaço da casa em que a pessoa se sinta bem. Afinal, o caminho é fazer com que o templo seja a própria pessoa e que o espaço seja apenas um lembrete de que é hora de ficar em paz.

O altar pode ser montado no quarto, na sala de estar, na porta de entrada da casa, no quintal ou na varanda de um apartamento. O importante é ser um ambiente que a pessoa goste e que seja possível estar por um certo tempo sem que ninguém interrompa.

Pode-se montar o altar em uma mesa, prateleira, banco, ou até mesmo em um baú.

Os objetos principais de um altar são os que representam os quatro elementos, por exemplo uma vela, um copo com água, uma pedra e um incenso. Somente isso é o necessário em um altar básico. Depois, é possível acrescentar outros objetos, como a varinha, o livro das sombras, ou estatuetas que representem algo importante para quem o montou. O altar deve ser o lugar que mais agrada e faz bem à pessoa que o montou. Aos poucos, ele vai ganhando forma e cada vez mais personalidade.

Nem todo mundo pode ter um altar em casa e tampouco é obrigatório montá-lo para ser bruxa ou bruxo. O altar pode ser criado no imaginário por meio de meditações. Ele pode ser como um altar da mesma maneira que um montado em casa, com velas, incensos e pedras, ou pode ser um altar natural, como uma praia ou uma cachoeira, lugares que possuem naturalmente os quatro elementos.

Para acessar o altar imaginário ou lugar mágico (como eu costumo chamar), pode-se meditar e refletir sobre si mesmo, sobre acontecimentos da vida que ainda não há compreensão, pedir auxílio às divindades, ou se conectar com a natureza e com os quatro elementos, da mesma maneira como é feita em um altar físico.

Na bruxaria sempre existem alternativas para o que se deseja fazer. Mesmo que não haja os instrumentos necessários, sempre há o conhecimento e o poder de cada um.

✧ CONSAGRAÇÃO DO ALTAR

Depois de organizar o altar, também é necessário consagrá-lo para que ele seja de fato um lugar sagrado.

Ao consagrá-lo, os demais objetos que estão sobre ele também recebem a consagração. Toda vez que um objeto for inserido no altar, pode-se consagrar o objeto separadamente.

O altar pode ser consagrado utilizando somente o poder pessoal, para isso a pessoa deve se posicionar à frente do altar, fechar os olhos, relaxar e procurar não pensar em mais nada além de si mesmo e do altar. As mãos precisam ser estendidas em direção ao altar e deve-se mentalizar a energia das mãos envolvendo o altar.

Quando a pessoa sentir que é o suficiente, deve respirar profundamente e terminar a consagração.

Pode-se consagrar o altar usando os quatro elementos da mesma maneira que se consagra um objeto, ao passar cada elemento sob o altar e mentalizar a energia desejada de acordo com a energia do elemento.

É importante que a consagração seja feita em um dia de lua crescente ou cheia, e sempre que sentir a energia do altar ou dos objetos enfraquecendo, a consagração pode ser feita novamente.

O CÍRCULO MÁGICO

O círculo é um símbolo que representa a totalidade, a continuidade, a perfeição, o infinito e a proteção. Por isso, ele é muito usado nas práticas da bruxaria.

Antes de dar início a uma magia, as bruxas costumam traçar um círculo mágico, que serve para abrir um ponto de comunicação com o divino e proteger o ritual de energias não desejadas.

Esse círculo pode ser físico, desenhado na terra com um athame, ou no chão marcado com giz, feito de velas, pedras, galhos, folhas, flores, pétalas, conchas ou qualquer objeto que o praticante decidir usar.

Também pode ser feito mentalmente, utilizando somente a mentalização e, se for desejado, empunhando a varinha mágica ou o athame para direcionar as energias.

O círculo mágico pode ser traçado antes de qualquer feitiço ou ritual, mas também pode ser usado para manter o foco em uma meditação, ou para a proteção contra energias de outras pessoas em um ambiente.

⋄ TRAÇANDO O CÍRCULO MÁGICO

Antes de traçar o círculo é preciso ter os objetos necessários para a magia. Se estiver fazendo no altar, faça a conferência de todos os objetos para que não seja preciso sair do círculo depois de traçado.

Nesse momento, com os olhos fechados e o corpo e mente relaxados, deve-se prosseguir com a respiração profunda e, a cada respiração, relaxar mais o corpo. Com as duas mãos estendidas para a frente, deve-se encostar a palma de uma mão na outra e começar a separá-las lentamente, enquanto mentaliza uma luz saindo do centro delas e formando um círculo. Enquanto faz esse movimento algumas palavras podem ser proferidas:

"Eu traço este círculo mágico para proteger a minha energia, que dentro deste espaço sagrado seja intensificada a minha magia".

Para terminar, continue traçando o círculo ao redor do corpo, encostando as duas mãos novamente atrás da cabeça.

Se for da preferência da pessoa, podem ser usados a varinha mágica ou o athame empunhados na mão de poder – a mão da escrita.

O maior segredo do círculo mágico é a mentalização, então se ainda não treinou a habilidade de mentalizar um círculo energético se formando ao redor do corpo, é melhor que se faça um círculo físico, desenhando no chão ou colocando várias pedras ao redor.

No término do feitiço ou ritual é necessário destraçar o círculo para que a magia seja enviada ao universo por completo.

Para isso, pode-se fazer o movimento contrário do traçado para formar o círculo. Com as mãos juntas atrás da cabeça, elas devem ser abertas lentamente, enquanto o círculo de luz se desfazendo é mentalizado. Então, é hora de dizer:

"Encerro esta magia e envio ao universo o seu poder, que as sementes deste ritual em breve possam florescer. Que assim seja e assim será!".

Para terminar, as mãos devem ser postas à frente do corpo novamente.

O círculo também pode ser usado em momentos em que é preciso concentração ou proteção, ainda que seja feita uma magia. Por exemplo, quando alguém precisa muito estudar para uma prova, mas o barulho ao redor é muito intenso e ela não consegue se concentrar. Em qualquer lugar em que estiver, a pessoa pode fechar os olhos e mentalizar um círculo se formando ao redor do corpo. Esse círculo irá impedir que coisas de fora interfiram e o estudo fluirá tranquilamente, concentrando-se apenas nos pensamentos. No fim do estudo, para voltar à interação com o mundo, basta desfazer o círculo, mentalizando-o.

ORÁCULOS

Muitos praticantes de bruxaria utilizam oráculos para consultar os caminhos do futuro. Alguns recorrem à ajuda divina, acreditando que os oráculos são uma maneira de traduzir o que os deuses têm a dizer. Outros acreditam que com os oráculos é possível acessar as informações que todos temos no inconsciente e obter as respostas para nossas dúvidas.

Ao redor do mundo, existem vários tipos de oráculos, mas na bruxaria os mais comuns são o tarô, as runas, a quiromancia, a ceromancia, a tasseomancia e a cristalomancia.

Todos os oráculos são executados a partir de técnicas que podem ser ensinadas, mas, além disso, também é necessário o uso da intuição para obter respostas concretas.

A seguir está uma apresentação de cada um desses oráculos. Para se aprofundar no entendimento de algum deles, entretanto, é recomendado estudar mais sobre cada um por meio de um curso sério sobre o oráculo antes de colocá-lo em prática.

◆ TARÔ

Entre os oráculos, o tarô é o mais conhecido. Esse oráculo faz parte da cartomancia, a arte divinatória com cartas. As cartas do tarô são chamadas de arcanos ou lâminas.

Muitos outros oráculos também utilizam cartas, porém, somente o tarô possui 78 cartas, sendo 22 arcanos maiores e 56 arcanos menores.

Portanto, qualquer outro tipo de oráculo que não tenha essa mesma quantidade de cartas, não é um tarô. Pode ser talvez um baralho cigano, que também é muito comum, mas a sua leitura é feita de maneira diferente.

Com o tarô, nós podemos ver as tendências do nosso futuro, já que existem vários caminhos para trilhar o mesmo destino.

A interpretação é feita por meio dos desenhos de cada carta, naipes que representam os quatro elementos e também por meio de números presentes em cada carta. Em alguns baralhos, é possível ver elementos que representam os signos e os planetas, o que pode auxiliar na leitura do significado das cartas.

✧ **ORÁCULO DIÁRIO**

Para quem deseja aprender sobre o tarô, um ótimo jeito é usá-lo como um oráculo diário, para saber como será seu dia.

Funciona da seguinte maneira: todos os dias pela manhã deve-se embaralhar as cartas e procurar não pensar em nada, em nenhuma pessoa, pergunta ou problema. Ao parar de embaralhar, as mãos devem ser posicionadas sobre as cartas e a pergunta acerca do dia é feita. Então, deve-se tirar uma carta de qualquer lugar do baralho, de acordo com a intuição que indica um lugar onde deve tirar.

Depois de tirada a carta, é importante analisar bastante os desenhos e detalhes, anotar a primeira impressão e os significados possíveis. Então, somente depois disso, o significado pode ser pesquisado.

No fim do dia, a pessoa pode avaliar se aquele significado correspondeu mesmo ao dia que passou e anotar algumas impressões.

O melhor jeito é começar usando somente os arcanos maiores, para depois de bem familiarizado, passar a utilizar os arcanos menores.

Saiba mais sobre os significados de cada arcano maior na página 224.

⟡ RUNAS

Runas de Odin

As runas são símbolos que representam energias ou situações. Dentre elas, as mais conhecidas são as Runas de

Odin, que, além de serem símbolos de um oráculo, são as letras do alfabeto nórdico conhecido como *Futhark*.

Cada runa representa uma divindade nórdica, portanto cada uma possui uma energia e significado individual. No entanto, quando colocadas em conjunto, elas criam novos significados, tornando possível a leitura do oráculo.

O jogo de runas nórdicas é formado por 25 peças, que são os símbolos gravados em algum material natural, que podem ser madeiras, sementes, pedras, conchas ou ossos. No total, são 24 símbolos e uma peça em branco que é a chamada Runa de Odin.

Além do oráculo, as runas também podem ser usadas como amuletos ou para potencializar feitiços e rituais.

Por exemplo, se uma pessoa sente que precisa ser mais corajosa e determinada, é aconselhado que se use a Runa Teiwaz como um amuleto. Mas se ela deseja fazer um feitiço para atrair a prosperidade e fartura para o lar, a Runa Fehu é unida aos materiais do feitiço dela.

Para isso, não é necessário ter um jogo de runas, basta somente desenhar o símbolo de que precisa em um papel e usá-lo como quiser.

Para auxiliar no uso das runas nórdicas, você encontra o significado de cada uma delas na página 214.

Runas das Bruxas

Um outro tipo de runa que também é muito conhecido e utilizado na bruxaria são as Runas das Bruxas. Esse oráculo é chamado assim porque é comumente feito por alguma bruxa ou bruxo, pelo próprio praticante ou algum artesão.

O jogo de Runas das Bruxas tem 13 peças, e devem ser feitas com algum material natural.

Assim como as runas nórdicas, elas possuem significados individuais, mas que são alterados quando colocadas em conjunto.

Além de serem utilizadas da maneira trivial para obter respostas e saber sobre o futuro, essas runas também podem ter a função de amuletos ou estarem presentes em feitiços e rituais, para potencializar a energia desejada.

Saiba o significado de cada uma das runas na página 219.

⟡ QUIROMANCIA

A quiromancia é a arte de ler as mãos. As marcas que temos nas nossas palmas podem revelar muita coisa sobre nossas tendências para o futuro e também sobre nossa personalidade.

Além das linhas das mãos, é possível descobrir coisas por meio do tamanho dos chamados "montes" e dos formatos dos dedos.

Nesta leitura, geralmente, são reveladas informações sobre as nossas emoções, saúde, carreira e até mesmo sobre os obstáculos da nossa vida.

Não se sabe ao certo como surgiu a quiromancia, mas ela foi usada para prever o futuro, primeiro na China e no Egito, e depois se popularizou com os ciganos.

Apesar de ser um oráculo, a quiromancia também é um método de autoconhecimento, por isso muitas pessoas se interessam em aprender. Às vezes, até mesmo quem não acredita pode acabar tendo curiosidade em saber o que dizem as palmas das mãos.

⟡ CEROMANCIA

A ceromancia é o oráculo feito por meio das velas. Há muitas maneiras para confeccionar esse oráculo, e uma delas é pingando a cera da vela em um recipiente com água ou em uma superfície lisa, enquanto a pergunta é mentalizada. Depois, é hora de tentar interpretar os desenhos que a cera formou sobre a água.

Outra maneira é acender a vela fazendo um pedido ou uma pergunta, e observar o comportamento da cera. A seguir algumas possibilidades de interpretação:

Se a vela demorar para acender em um lugar sem vento, pode ser que haja energias negativas no ambiente. Portanto, é necessário fazer uma limpeza energética antes de prosseguir com o pedido ou a pergunta.

Se a chama apaga várias vezes sem motivo, pode ser que este não seja o momento para obter respostas ou fazer um pedido.

Se a chama da vela tiver cor azulada, a resposta é positiva. O pedido será realizado, mas pode não acontecer da maneira que espera.

Se a chama da vela tiver cor vermelha, a resposta é positiva. O pedido será realizado.

Se a chama fica oscilando sem que haja nenhum vento, pense melhor sobre o pedido ou pergunta, pois a mente pode estar confusa.

Se a chama solta fagulhas, a resposta é negativa. É sinal de que há obstáculos para enfrentar, mas alguém poderá surgir para ajudar na realização do pedido.

Se a chama fica em espiral, a resposta é positiva. O pedido será realizado, mas deve-se manter segredo quanto a existência dele.

Se o pavio está repartido, a resposta é incerta. O pedido ou pergunta foram feitos de forma duvidosa.

Se a ponta do pavio está brilhante, a resposta é positiva. Terá muito sucesso no seu pedido.

Se a cera da vela escorre muito e a chama solta fumaça preta, a resposta é negativa, e o pedido não será atendido.

Se a cera da vela escorre muito, a resposta é negativa, e a realização do pedido será difícil.

Se a vela queimou por inteira sem sobrar cera, a resposta é positiva, o pedido foi aceito e será realizado em breve.

Se sobrar restos da vela, a resposta é incerta. Deve-se acender outra vela e refazer o pedido.

Para intensificar a energia do pedido ou direcionar o sentido da sua pergunta, deve-se utilizar velas nas cores que correspondem ao desejo.

Saiba mais sobre o significado das cores das velas na página 182.

⟡ TASSEOMANCIA

A tasseomancia é a arte de ler as folhas de chá, e consiste em interpretar figuras formadas nas folhas de chá no fundo de uma xícara.

O chá pode ser feito com ervas que estimulam a clarividência, como a artemísia, mas também é muito comum ser utilizado o chá preto.

A tasseomancia é um ótimo método para treinar a criatividade e as habilidades psíquicas, já que depende somente da nossa interpretação das figuras.

Um outro oráculo muito parecido é a cafeomancia, com base no mesmo processo, mas utilizando as borras do café.

⟡ CRISTALOMANCIA

A cristalomancia é o oráculo feito por meio da interpretação de imagens refletidas em uma superfície lisa. O nome vem de cristal, já que o mais comum é utilizar bolas de cristal ou cristais lisos para o oráculo. No entanto, o nome pode ser atribuído aos oráculos que utilizam espelho, gelo ou até mesmo água.

A prática é bem simples, e consiste em olhar fixamente para a bola de cristal ou para a superfície lisa. Depois de certo tempo, podem começar a aparecer imagens, manchas ou fumaça com formatos que lembrem algum objeto. Então, quem está fazendo a leitura, deve procurar os significados dessas imagens para responder às perguntas.

✧ PÊNDULO

O pêndulo é um instrumento utilizado na física para diversos estudos e na radiestesia para medir campos energéticos.

Com o pêndulo é possível encontrar objetos perdidos, analisar o equilíbrio dos chakras e até mesmo definir o melhor tipo de tratamento terapêutico para cada pessoa.

Mas aqui falaremos da função do pêndulo como um tipo de oráculo. Você pode simplesmente programar o seu pêndulo para responder "sim" ou "não" e fazer perguntas tentando manter a mente neutra para não interferir na resposta.

Para isso, você deve segurar o pêndulo em suas mãos e mentalizar que a resposta "sim" é o movimento para a frente e para trás, e a resposta "não" é o movimento de um lado para o outro. Ou pode programá-lo para girar no sentido horário para "sim" e anti-horário para "não". Se preferir, pode mentalizar o contrário; o importante é que você tenha bem definido em sua mente o movimento de cada um.

Além disso, você pode usar uma tabela para ter respostas mais precisas. Este é um exemplo simples de uma tabela para pêndulo que você pode usar.

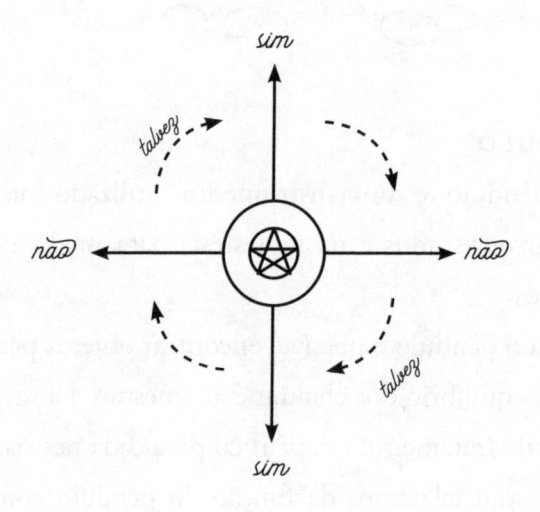

Segure o cordão do pêndulo com os dedos indicador e polegar de maneira firme, mas sem apertar. Posicione-o no centro da tabela e mentalize a pergunta. Se você quiser, pode fechar os olhos para não interferir mentalmente no movimento do pêndulo. Deixe-o balançar suavemente e lhe mostrar a resposta.

Você também pode criar as próprias tabelas, adicionando letras, números, palavras e símbolos.

Os pêndulos podem ser feitos de diversos materiais, como cristais, madeira, ferro e resina. Escolha o que preferir para que haja uma ligação entre você e o instrumento.

CELEBRAÇÕES DAS BRUXAS

Desde a era pré-cristã, os povos fazem festas e rituais para abençoar, agradecer, trazer proteção e celebrar a mudança de estação.

Essas celebrações são chamadas pelas bruxas de sabás ou roda do ano.

Dentro da roda do ano existem os sabás maiores que são chamados de celebrações do céu, e os sabás menores que são as celebrações da terra.

Os sabás maiores são para agradecer pelo que colhemos, fazer rituais de purificação, celebrar o amor e honrar os ancestrais, e são chamados de: Lammas (Lughnasadh), Imbolc (Candlemas), Beltane (Walpurgisnacht) e Samhain (Halloween).

Os sabás menores são para celebrar a chegada das estações do ano, e são chamados: Yule (Solstício de Inverno), Ostara (Equinócio de Primavera), Litha (Solstício de Verão), e Mabon (Equinócio de Outono).

Equinócio: a data em que dia e noite têm a mesma duração.
Solstício de verão: o dia mais longo do ano.
Solstício de inverno: a noite mais longa do ano.

Os sabás são comemorados em datas diferentes nos hemisférios Sul e Norte, por causa da mudança de estação em cada uma das partes do mundo. Tradicionalmente, as celebrações ocorrem nas seguintes datas:

✧ **HEMISFÉRIO SUL:**
Samhain – dia 1º de maio
Yule – entre os dias 21 e 23 de junho
Imbolc – dia 1º de agosto
Ostara – entre os dias 21 e 23 de setembro
Beltane – dia 31 de outubro
Litha – entre os dias 21 e 23 de dezembro
Lammas – dia 2 de fevereiro
Mabon – entre os dias 21 e 23 de março

✧ **HEMISFÉRIO NORTE:**
Samhain – dia 31 de outubro
Yule – entre os dias 21 e 23 de dezembro
Imbolc – dia 2 de fevereiro
Ostara – entre os dias 21 e 23 de março
Beltane – dia 1º de maio
Litha – entre os dias 21 e 23 de junho
Lammas – dia 1º de agosto
Mabon – entre os dias 21 e 23 de setembro

Cada um escolhe a melhor maneira de seguir a roda do ano e fazer as suas celebrações e rituais. Como os sabás fazem parte do ciclo da natureza e, por consequência, o ciclo da nossa vida, é normal que algumas pessoas se identifiquem mais com a roda do sul, outras com a roda do norte, e outras ainda não se identifiquem com nenhuma por completo. Por isso, alguns praticantes aqui do hemisfério Sul celebram os sabás maiores na mesma data do hemisfério Norte. Esse modo de organizar a comemoração é chamado de roda mista ou roda astrológica, e o que permite essa maneira de seguir a roda são os ciclos das estações do ano combinados aos signos solares.

Por exemplo, no hemisfério Norte, o sabá de Samhain sempre ocorre quando o Sol está no signo de Escorpião. Então, os praticantes que seguem a roda mista celebram o Samhain nesse mesmo período.

Isso se aplica a todos os sabás maiores, e os sabás menores se mantêm em suas datas normais aqui do hemisfério Sul.

Sendo assim, a roda mista é celebrada nesta sequência:

✧ **RODA MISTA:**
Samhain – dia 31 de outubro
Litha – entre os dias 21 e 23 de dezembro

Imbolc – dia 2 de fevereiro
Mabon – entre os dias 21 e 23 de março
Beltane – dia 1º de maio
Yule – entre os dias 21 e 23 de junho
Lammas – dia 1º de agosto
Ostara – entre os dias 21 e 23 de setembro

Outros praticantes ainda não se sentem bem fazendo todas as celebrações e gostam de fazer rituais em apenas algumas datas. Desde que faça sentido para a pessoa e ela se sinta bem assim, não há problema nenhum em não celebrar todas as datas.

Lembre-se de que, na bruxaria, deve ser seguida a intuição, e sempre fazer bem para nós mesmos. A liberdade é que traz a felicidade.

SABÁS MAIORES
(celebrações do céu)

◇ **SAMHAIN**

O sabá de Samhain, muito conhecido pelo nome Halloween[2] ou Dia das Bruxas, é a celebração pagã mais conhecida pelo mundo.

A celebração desse sabá ocorre no dia 1º de maio no hemisfério Sul e no dia 31 de outubro no hemisfério Norte.

Quem escolhe celebrar no dia 1º de maio leva em consideração que esse sabá deve estar entre o equinócio de outono (Mabon) e solstício de inverno (Yule). Já quem escolhe celebrar no dia 31 de outubro leva em consideração que deve ser celebrado quando o Sol estiver no signo de Escorpião.

Esse sabá também é a celebração do ano novo celta, que costumava ser comemorado durante três dias (entre os dias 31 de outubro e 2 de novembro). Então, algumas bruxas consideram esse evento como o início de uma nova fase, e aproveitam para fazer pedidos para um ano melhor.

Nos Estados Unidos transformaram a celebração celta de Samhain em uma grande festa conhecida como Halloween, ou Dia das Bruxas, na qual as pessoas se vestem

---

2. Pronúncia: Samhain (Souein) / Halloween (Ralouin).

com fantasias de monstros, zumbis, fantasmas e outros personagens assustadores, e as crianças saem nas ruas pedindo doces.

No cristianismo essa data é conhecida como Dia de todos os santos, e no México, o Samhain é chamado de *Día de los muertos* (Dia dos mortos).

As tradições de Samhain são: enfeitar o altar, fazer um ritual em homenagem aos ancestrais, esculpir abóboras, fazer lanternas para proteger o seu lar, agradecer pelo ano que passou e fazer pedidos para o novo período que se inicia. Por ser um período em que a ligação com o mundo espiritual é maior, é um bom momento para fazer leituras de oráculos e pedir auxílio dos espíritos de luz.

✧ **CORRESPONDÊNCIAS DE SAMHAIN:**
Símbolos: abóbora, gato preto e caldeirão.
Comidas: bolo, milho, maçã e romã.
Bebida: vinho e chá de ervas.
Plantas: carvalho, samambaia, sálvia e todas as plantas regidas por Plutão.
Cores: laranja, preto e roxo.
Incensos: sálvia, maçã e noz-moscada.
Cristais: ônix, obsidiana e turmalina negra.

✧ BELTANE

O sabá de Beltane também é conhecido pelos nomes Walpurgisnacht[3] e Dia de maio. A palavra Beltane vem do nome *Belenus*, deus celta conhecido como deus brilhante, também associado ao fogo.

A celebração desse sabá ocorre no dia 31 de outubro no hemisfério Sul e no dia 1º de maio no hemisfério Norte.

Quem escolhe celebrar no dia 31 de outubro leva em consideração que esse sabá deve estar entre o equinócio de primavera (Ostara) e o solstício de verão (Litha). Já quem escolhe celebrar no dia 1º de maio leva em consideração que deve ser celebrado quando o Sol estiver no signo de Touro.

---

3. Pronúncia: Beltane (Beltein) / Walpurgisnacht (Welpurgirsnait).

Beltane é uma celebração de fertilidade e de união do feminino com o masculino, e também um ótimo período para expressar carinho pelas pessoas.

Um dos símbolos de Beltane é uma grande fogueira acesa para atrair fertilidade e afastar a má sorte. Outro símbolo de Beltane é o mastro de maio (*maypole*), com fitas coloridas que são trançadas pelo mastro, enquanto as pessoas dançam em volta atraindo a alegria e celebrando a bênção da vida.

As tradições de Beltane são: enfeitar o altar com flores e fitas coloridas, fazer um ritual para atrair o amor, acender uma grande fogueira, confeccionar tiaras de flores e presentear com flores as pessoas de que gosta.

✧ **CORRESPONDÊNCIAS DE BELTANE:**
Símbolos: maypole, fogueira e flores.
Comidas: bolos de cereais, frutas e saladas.

Bebidas: vinho e suco.

Plantas: amêndoa, angélica, margarida, olíbano, calêndula e todas as plantas regidas por Vênus.

Cores: verde, vermelho, rosa e branco.

Incensos: rosas, jasmim e olíbano.

Cristais: quartzo-róseo, topázio, malaquita, esmeralda, amazonita.

✧ **IMBOLC**

O sabá de Imbolc, conhecido também por Candlemas[4], celebra a deusa celta Brigit. Por isso, também pode ser chamado de Dia de Brigit.

A celebração desse sabá ocorre no dia 1º de agosto no hemisfério Sul e no dia 2 de fevereiro no hemisfério Norte.

Quem escolhe celebrar no dia 1º de agosto leva em consideração que este sabá deve estar entre o solstício de inverno (Yule) e o equinócio de primavera (Ostara). Já quem escolhe celebrar no dia 2 de fevereiro leva em consideração que deve ser celebrado quando o Sol estiver no signo de Aquário.

Imbolc é um sabá de purificação, e seu o maior símbolo é o fogo, que transmuta as energias ruins e traz a luz para a nossa vida.

---

4. Pronúncia: Imbolc (Imbôlc) / Candlemas (Candlêmas).

Algumas pessoas celebram esse sabá em homenagem à deusa Brigit, que é a deusa do fogo, da sabedoria, da poesia, das artes, das profecias, da proteção, dos oráculos e da cura. Então, algumas bruxas acendem fogueiras, escrevem poesias, encantam seus oráculos ou fazem feitiços de cura nesse dia.

Além do fogo, um símbolo de Imbolc é a cruz de Brigit, que também pode ser feita durante um ritual e encantada para trazer proteção ao lar. Normalmente, ela é confeccionada com trigo ou palha.

Depois de um ano sendo usada para proteção, ela pode ser queimada em uma fogueira de Imbolc, antes da confecção de uma nova cruz.

As tradições de Imbolc são: enfeitar o altar com velas e objetos vermelhos, fazer um ritual de purificação, praticar as limpezas energéticas no lar e elaborar feitiços para se livrar de sentimentos e energias ruins. Por se tratar de um momento de purificação profunda para dar início ao novo, é um dia excelente para fazer rituais de iniciação.

✧ **CORRESPONDÊNCIAS DE IMBOLC:**
Símbolos: fogo, cruz de Brigit e vassoura.
Comidas: bolos de frutas, pães e torta de maçã.
Bebida: vinho, chá, sucos vermelhos.

Plantas: angélica, manjericão, louro, mirra e todas as plantas regidas por Urano.
Cores: vermelho, laranja e branco.
Incensos: rosas, jasmim e olíbano.
Cristais: ametista, turmalina negra, ágata vermelha, hematita, topázio.

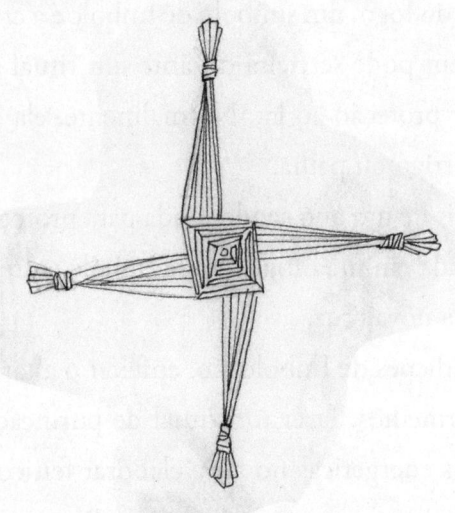

✧ LAMMAS

O sabá de Lammas, conhecido também por Lughnasad[5], é uma homenagem ao deus Lugh, que é o deus Sol na tradição celta.

A celebração desse sabá ocorre no dia 2 de fevereiro no hemisfério Sul e no dia 1º de agosto no hemisfério Norte.

---

5. Pronúncia: Lammas (Lamas) / Lughnasad (Lunasá).

Quem escolhe celebrar no dia 2 de fevereiro leva em consideração que esse sabá deve estar entre o solstício de verão (Litha) e o equinócio de outono (Mabon). Já quem escolhe celebrar no dia 1º de agosto, leva em consideração que deve ser celebrado quando o Sol estiver no signo de Leão.

Lammas é uma celebração de colheita, na qual os pagãos apanhavam os primeiros grãos e faziam uma comemoração de agradecimento, com pães e bolos.

Nas celebrações de hoje, há o costume de fazer um ritual e agradecer por tudo o que se colheu de bom durante o ano que passou, e se houver coisas ruins, nós também agradecemos pelo aprendizado que elas nos trouxeram. Além disso, podem ser feitos pedidos para que o novo ciclo iniciado seja próspero e farto.

Um dos símbolos desse sabá é o milho, em que se aproveita a palha para confeccionar as bonecas para enfeitar o altar e atrair sorte durante o ano inteiro, até a chegada do próximo ano, quando serão queimadas na fogueira, antes da confecção de uma nova boneca.

As tradições de Lammas são: enfeitar o altar com espigas de trigo, velas amarelas e fazer um ritual para agradecer tudo o que foi colhido durante o ano, preparar pães ou bolos e distribuí-los para a família e os amigos e confeccionar instrumentos mágicos.

◇ **CORRESPONDÊNCIAS DE LAMMAS:**
Símbolos: trigo, milho, pão e boneca de palha.
Comidas: pão ou bolo de grãos, milho, frutas e nozes.
Bebidas: vinho, sidra, cerveja e chá.
Plantas: acácia, babosa, girassol, trigo e todas as plantas regidas pelo Sol.
Cores: amarelo, marrom, laranja e vermelho.
Incensos: sândalo, olíbano, aloé e rosas.
Cristais: citrino, peridoto, obsidiana, topázio e olho de gato.

SABÁS MENORES
(celebrações da terra)

✧ LITHA

O sabá de Litha[6] é o solstício de verão, quando ocorre o dia mais longo do ano, com a chegada do Sol a seu ápice e com as plantas ainda mais bonitas.

O solstício pode variar de data em cada ano, mas normalmente acontece entre os dias 21 e 23 de dezembro no hemisfério Sul, e entre os dias 21 e 23 de junho no hemisfério Norte.

A celebração de Litha ocorre quando o Sol nos presenteia com a sua energia de vigor, sorte, alegria, sucesso, prosperidade e criatividade. Nesse sabá, podem ser feitos feitiços para tudo isso, além de ser um ótimo momento para leitura de oráculos, pois os poderes intuitivos estão ainda mais fortes.

As plantas também têm os poderes mágicos intensificados e, por esse motivo, esse é o momento ideal para as bruxas colherem ervas e flores para serem guardadas e usadas em rituais e feitiços.

Os símbolos principais desse sabá são o Sol e o fogo. Nas celebrações, são acesas fogueiras, caldeirões ou velas

---

6. Pronúncia: Litha (Líta).

para atrair ainda mais a energia do fogo, afastar as energias negativas e trazer mais alegria.

⋄ **CORRESPONDÊNCIAS DE LITHA:**
Símbolos: Sol, fogo.
Comidas: pão de cereais e vegetais.
Bebidas: cerveja, suco e vinho.
Plantas: camomila, sabugueiro, freixo, lavanda, artemísia e todas as plantas regidas pela Lua ou por Saturno.
Cores: amarelo, verde, azul, branco e laranja.
Incensos: mirra, rosas, limão e pinho.
Cristais: citrino, aventurina, cornalina e quartzo branco.

✧ MABON

O sabá de Mabon[7] é o equinócio de outono. Mabon foi o nome dado em homenagem ao deus celta Angus, conhecido como Mabon na Irlanda. Ele é o deus da juventude, da beleza e do amor.

O equinócio pode variar de data em cada ano, mas normalmente acontece entre os dias 21 e 23 de março no hemisfério Sul e entre os dias 21 e 23 de setembro no hemisfério Norte.

Mabon é a época da segunda colheita e do agradecimento por tudo o que se colheu e aprendeu até o momento. Agradecemos pela fartura de alimentos e pelo conhecimento que nós obtivemos.

Também é um sabá de introspecção, no qual as pessoas começam a ficar mais dentro de suas casas e se protegem do frio eminente.

Algumas pessoas gostam de aproveitar o silêncio dessa introspecção para pedir ajuda, conselhos dos espíritos e dos ancestrais, e agradecer pela sabedoria deles.

Um dos ensinamentos da natureza é justamente durante o equinócio de outono, época em que as árvores perdem folhas, para que não sejam queimadas no frio do inverno e

---

7. Pronúncia: Mabon (Mêibon).

prejudiquem a árvore inteira. Essa reflexão nos mostra que algumas vezes é preciso abandonar algumas coisas, para proteger o que é mais importante.

Um dos símbolos de Mabon é a cornucópia, cesta em formato de chifre recheada com frutas, legumes e folhas. A cornucópia representa a abundância, a riqueza e a fertilidade.

Ela pode ser feita no dia do equinócio de outono ou pode ser comprada e usada como decoração no altar.

✧ **CORRESPONDÊNCIAS DE MABON:**
Símbolos: folhas, cornucópia e abóbora.
Comidas: abóbora, pães e bolos de grãos, raízes como batata e cenoura, trigo e milho.
Bebidas: vinho, suco e sidra.

Plantas: benjoim, mirra, calêndula, pinho, rosa, sálvia, e todas as plantas regidas por Marte ou Vênus.
Cores: marrom, verde e laranja.
Incensos: sálvia, mirra e benjoim.
Cristais: aventurina, olho de gato, ágata, cornalina e topázio amarelo.

✧ YULE

O sabá de Yule[8] é o solstício de inverno, quando ocorre a noite mais longa do ano. Nessa data, os pagãos celebravam o nascimento do deus Sol.

O solstício pode variar de data em cada ano, mas normalmente acontece entre os dias 21 e 23 de junho no hemisfério Sul e entre os dias 21 e 23 de dezembro no hemisfério Norte.

Yule é um momento de introspecção ainda mais intensa do que Mabon. Nesse momento nós podemos planejar com mais calma os projetos para o resto do ano.

Também é a ocasião de ajudar a quem precisa, fazer doações de alimentos e roupas para quem necessita.

Além disso, como se trata do nascimento do deus Sol, Yule é um sabá de renascimento e de celebração da vida, em

---

8. Pronúncia: Yule (Iule).

que podemos fazer um ritual para eliminar tudo o que não gostamos em nós mesmos e renascermos melhores.

Os símbolos do sabá Yule são muitos, e entre eles o sino – que era tocado para afastar as energias negativas e atrair os seres do bem. Outro símbolo é a tora de Yule – tronco cortado ao meio com três furos para colocar as velas que representam o fogo (vermelha), o pinheiro (verde) e a neve (branca). No entanto, o principal símbolo é o pinheiro, que na tradição pagã era colocado dentro de casa, a fim de representar os espíritos da natureza em um lugar quente durante o inverno.

✧ **CORRESPONDÊNCIAS DE YULE:**
Símbolos: pinheiro, azevinho, sino, visco, tora de Yule e neve.
Comidas: bolo de frutas, pães, frutas secas, nozes e assados.
Bebidas: vinho e champanhe.

Plantas: louro, freixo, hibisco, cedro, cardo-santo e todas as plantas regidas pela Lua ou por Saturno.
Cores: vermelho, verde e branco.
Incensos: pinho, louro, cedro e alecrim.
Cristais: olho de gato, granada, rubi.

✧ OSTARA

O sabá de Ostara[9] é o equinócio de primavera. O nome foi dado em homenagem à deusa Eostre, também conhecida por Aurora. Ela está ligada à fertilidade, ao amor e ao renascimento.

O equinócio pode variar de data em cada ano, mas normalmente acontece entre os dias 21 e 23 de setembro no hemisfério Sul e entre os dias 21 e 23 de março no hemisfério Norte.

Ostara é quando celebramos a chegada da primavera e fazemos pedidos para sermos pessoas fortalecidas por dentro, melhores e mais abençoadas. Esse momento é ótimo para fazer feitiços de fertilidade feminina, feitiços de amor e de harmonia.

O símbolo do sabá Ostara é o coelho (ou a lebre), que simboliza a fertilidade. Outro símbolo são os ovos coloridos

---

9. Pronúncia: Ostara (Ostára).

que representam o início da vida. Os ovos são coloridos de acordo com a energia que queremos atrair, e podem ser usados para enfeitar o altar, decorar a casa, ou brincar de escondê-los para que outras pessoas possam encontrá-los, e quem os encontrar terá os desejos realizados.

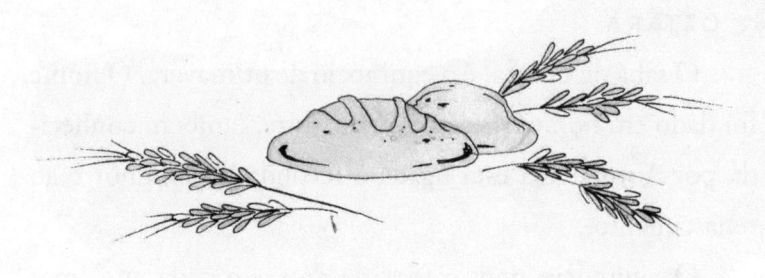

✧ **CORRESPONDÊNCIAS DE OSTARA:**
Símbolos: coelho, ovos e flores.
Comidas: bolo de mel, frutas e ovo cozido.
Bebida: vinho, leite e iogurte.
Plantas: jasmim, lírio, rosa, morango, violeta, e todas as plantas regidas por Marte ou Vênus.
Cores: amarelo, verde, branco e dourado.
Incensos: violeta, sálvia e jasmim.
Cristais: quartzo-róseo, quartzo branco, quartzo verde, esmeralda, citrino.

FASES
DA LUA

A Lua sempre foi de grande importância nas crenças pelo mundo inteiro.

A ciência comprovou a influência da Lua sobre as marés, por isso acredita-se que há uma ligação da energia da Lua com a água e as emoções, visto que o elemento água é o que representa as emoções.

Acredita-se também que a Lua tem uma energia feminina baseada em suas fases, com um ciclo de 28 dias, assim como geralmente é o ciclo menstrual feminino.

A Lua é considerada uma deusa mãe, enquanto o Sol é um deus pai. Então, por causa desses aspectos, a Lua tem uma energia maternal, emotiva, fértil e protetora. Além disso, cada fase do satélite natural possui um tipo de energia e nos influencia de maneiras diferentes. Por isso, sempre que uma pessoa muda de humor constantemente nós costumamos dizer que ela é "de lua".

Na bruxaria a energia da Lua é usada para potencializar os feitiços e rituais.

◈ **LUA MINGUANTE**

A lua minguante representa algo terminando, por isso é uma boa fase para nos desapegarmos do que não queremos mais, ou diminuir as coisas que estão em excesso.

Esse é um momento excelente para fazer limpezas energéticas e físicas na casa, tomar banhos de purificação, fazer feitiços de banimento, interiorizar-se e fazer meditações.

◈ **LUA NOVA**

A lua nova representa uma nova fase, um recomeço. Por isso, é um bom momento para se reorganizar e começar novos projetos.

Não é uma fase em que tudo começa com plena força, mas é o momento certo para dar aquele pontapé inicial.

Uma época boa para fazer feitiços pedindo coisas novas, além de feitiços para atrair um novo amor, para a evolução espiritual, e meditações para o autoconhecimento.

◈ **LUA CRESCENTE**

A lua crescente representa a evolução, e por isso impulsiona o crescimento. Esse é um momento de criatividade e força, e uma boa fase para dar continuidade a projetos que ficaram parados.

A época também é boa para magias de crescimento, tanto espiritual ou material, podem ser pedidos para aumentar o amor e a harmonia, ou fazer magias para aumentar a proteção sobre você e sua família.

✧ LUA CHEIA

A lua cheia representa o ápice do poder lunar, momento em que tudo o que é desejado terá o máximo de energia para se realizar.

O momento é ótimo para consagrar objetos, fazer feitiços de amor, prosperidade, proteção, saúde, fertilidade e espiritualidade.

Também é uma época excelente para magias que aumentam a intuição e leituras de oráculos.

✧ ENCANTAMENTO DE LUA CHEIA

Em uma noite em que a Lua estiver no ápice, deve-se olhar para ela e fazer um pedido sobre algo que seja muito importante, algo que já venha desejando a muito tempo, e então dizer o encantamento:

"Lua, senhora das várias faces,
Me abençoe com a sua energia
e dê poder à minha magia.
Aceite hoje meu pedido e faça
com que logo ele seja atendido!
Gratidão!".

✧ LUAS COLORIDAS

Entre os ciclos da Lua, existem alguns momentos especiais de maior poder. Esses períodos podem ser chamados de luas coloridas, pois cada uma delas foi associada a uma cor para facilitar sua identificação.

Lua negra

A lua negra acontece nos três últimos dias da fase minguante que antecedem a lua nova. Esse período é ideal para feitiços de transformação, renovação e cura, além de ser excelente para fazer feitiços para se limpar de sentimentos ruins interiorizados e energias ruins que outras pessoas nos enviam.

Lua azul

A lua azul é o nome que recebe a segunda lua cheia do mês, que ocorre em intervalos de aproximadamente dois anos.

Essa lua é como se fosse a fase da lua cheia com os poderes duplicados. Então, o momento é propício a todas as magias que poderiam ser feitas em uma cheia normal.

Muitas bruxas costumam aproveitar a energia da lua azul principalmente para as magias que aumentam a intuição e os poderes psíquicos.

Lua violeta

A lua violeta é a segunda lua nova do mês, que também ocorre aproximadamente a cada dois anos.

Essa lua é ideal para fazer os feitiços de transmutação e de intuição, além de poder ser aproveitada para a prática da meditação.

Lua rosa

Também conhecida como lua dos desejos, a lua rosa é a fase da lua cheia mais próxima de todos os sabás maiores (Samhain, Beltane, Lammas e Imbolc). No momento dessa lua, a realização de desejos é facilitada. Dessa maneira, podem ser feitos pedidos no caldeirão, enterrados ou, até mesmo, feitos diretamente à Lua.

Lua vermelha

A lua vermelha é uma lua particular de cada mulher. Esse é o momento do mês em que a mulher menstrua e deve perceber em que período lunar está, e pode reparar nas próprias sensações e sentimentos a fim de conhecer melhor o ciclo do próprio corpo.

ECLIPSE

O eclipse lunar é um fenômeno que ocorre quando o Sol, a Terra e a lua cheia estão em alinhamento total. Então, a Lua é escondida pela sombra da terra.

A Lua não desaparece totalmente, mas possui uma coloração avermelhada chamada de lua de sangue ou lua sangrenta.

Esse é um momento muito especial para fazer feitiços de transmutação de energias e as magias para se livrar de sentimentos e problemas que não são bem-vindos em nossas vidas.

⋄ **MAGIA DOS NÓS PARA TRANSFORMAÇÃO**

A finalidade desta magia é tirar do caminho todos os obstáculos que impedem você de fazer algo que queira muito – seja ter uma vida próspera, seja encontrar um amor, trabalhar com o que ama, enfim, seja o que for.

Uma semana antes do eclipse, separe uma corda fina ou um barbante. Durante a semana inteira, sempre que algo fizer você lembrar por que não consegue o que deseja, faça um nó na corda. Por exemplo, você está querendo muito juntar dinheiro para mudar de casa, e quando menos espera surge um imprevisto que leva a um pequeno gasto do que você já tinha guardado; então você faz um nó na corda representando os imprevistos que impedem que você guarde dinheiro.

Se durante um dia você se lembrar de várias situações que atrapalham seu caminho, você pode fazer vários nós na corda.

No momento do eclipse, segure a corda com as duas mãos e diga o encantamento:

"Energia poderosa do universo que transforma a lua diante de mim. Peço que transforme também minha vida e que todos estes problemas cheguem ao fim".

Desfaça todos os nós enquanto ocorre o eclipse.

Mesmo que você não consiga ver a lua, procure saber o horário de duração do eclipse e desfaça os nós nesse horário.

Ao terminar queime a corda no seu caldeirão ou em algum recipiente que suporte o calor.

ESBÁS

Os esbás são rituais de celebrações para a Lua. Normalmente, na lua cheia – apesar de também poder ser feito em outras fases – os praticantes de bruxaria fazem um ritual em seus altares celebrando a energia da Lua.

Algumas bruxas se reúnem para celebrar, outros fazem seus rituais sozinhos. Durante esse evento, podem ser feitos pedidos, leituras de oráculos, meditações, feitiços, ou abençoar comidas com a energia do ritual. Em grupo, é possível fazer uma celebração maior, com músicas e danças.

Assim como todos os rituais, não existem regras para celebrar os esbás, pois cada bruxa ou bruxo faz o ritual da maneira que gostar ou puder naquele momento.

SIGNOS E PLANETAS

A astrologia é o estudo da relação dos astros com a vida na Terra. Muitas pessoas não acreditam na influência dos signos e planetas, porém quando alguém fala sobre os signos com propriedade até mesmo quem não acredita pode ficar curioso sobre o assunto.

Além do conhecimento pessoal e do oráculo feito por meio dos signos e planetas, a energia dos astros nos auxilia também na prática da bruxaria.

Como cada signo e cada planeta possui um tipo de energia diferente, essas energias são utilizadas para potencializar feitiços e rituais.

Nas magias, pode-se aproveitar a energia dos períodos astrológicos, usando a energia do Sol, da Lua e dos planetas em combinação com as constelações dos signos.

◇ **SIGNO SOLAR**

O signo solar corresponde ao período em que o Sol fica posicionado na casa de um dos 12 signos durante um ano. As datas sempre podem mudar, mas normalmente os períodos são estes:

Áries: entre 21 de março e 19 de abril
Touro: entre 20 de abril e 20 de maio
Gêmeos: entre 21 de maio e 21 junho
Câncer: entre 22 de junho e 22 de julho
Leão: entre 23 de julho e 22 de agosto
Virgem: entre 23 de agosto e 22 de setembro
Libra: entre 23 de setembro e 22 outubro
Escorpião: entre 23 de outubro e 21 de novembro
Sagitário: entre 22 de novembro e 21 de dezembro
Capricórnio: entre 22 de dezembro e 19 de janeiro
Aquário: entre 20 de janeiro e 18 de fevereiro
Peixes: entre 19 de fevereiro e 20 de março

Saiba mais sobre a energia dos signos na página 197.

◇ **SIGNO LUNAR**

O signo lunar muda mais rapidamente, pois a Lua se posiciona apenas algumas horas em cada signo, e durante sua transição de um signo para o outro é um período que nós chamamos de lua fora de curso. Nesse momento, deve-se evitar fazer magias pois a energia dela não será muito favorável.

Hoje em dia, graças aos muitos aplicativos de celular, é possível descobrir facilmente em que signo a Lua se encontra com precisão.

✧ REGÊNCIAS PLANETÁRIAS

Dias

Cada dia da semana é regido por um planeta e, no caso da regência planetária, o Sol e a Lua também são considerados planetas. Os planetas regentes determinam o tipo de energia que os dias da semana têm, assim é possível aproveitar a melhor época a depender do dia, para as magias.

Domingo – Sol
Segunda-feira – Lua
Terça-feira – Marte
Quarta-feira – Mercúrio
Quinta-feira – Júpiter
Sexta-feira – Vênus
Sábado – Saturno

Saiba mais sobre a energia de cada planeta na página 201.

Horas

As horas do dia também são influenciadas pelos planetas. Então, também são utilizadas para potencializar as magias.

Para saber a regência das horas é preciso saber a hora exata em que o Sol nasceu naquele dia. Com base nessa informação, é possível contar as horas começando pelo planeta que rege aquele dia, de acordo com a sequência:

SOL
VÊNUS
MERCÚRIO
LUA
SATURNO
JÚPITER
MARTE

Por exemplo:

Se hoje for sexta-feira, o Sol nasceu às 6h48, então, a primeira hora desse dia é regida por Vênus, a segunda hora, por Mercúrio, a terceira hora, pela Lua, a quarta hora, por Saturno, a quinta hora, por Júpiter, a sexta hora, por Marte, a sétima hora, pelo Sol e na oitava hora, deve-se iniciar o ciclo novamente a começar por Vênus e continuar nessa sequência.

No dia seguinte de acordo com esse exemplo, deve-se começar a contar as horas pelo planeta Saturno, planeta regente de sábado. Consequentemente, no dia seguinte começa-se pelo Sol, regente de domingo e assim por diante.

Depois de reunir essas informações sobre os signos solar, lunar e as regências planetárias, é possível fazer as magias no momento ideal para potencializá-las.

Por exemplo, se for uma magia de amor, o melhor dia para realizar a magia é em uma sexta-feira, dia da semana regido por Vênus. Mas, se for uma magia para ter mais coragem, a melhor época é enquanto o Sol estiver no signo de Áries, ou ainda se a magia for para melhorar a intuição, o melhor horário para realizá-la se dá na regência da Lua.

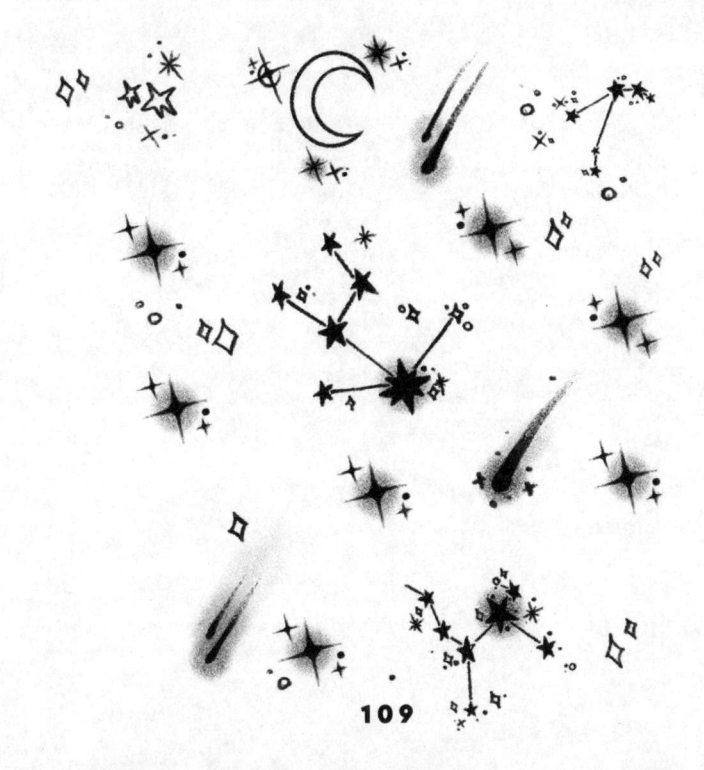

MAGIA
PRÁTICA

Até agora já foram apresentadas todas as ferramentas necessárias para dar início às práticas mágicas.

É claro que o estudo deve ser permanente com o objetivo de se aprofundar mais nos assuntos abordados neste livro para superar este conteúdo.

O fato é que, com base em todos os tópicos abordados, já é possível começar a fazer feitiços e rituais. Isso é muito legal, não é?

Agora, para fazer as magias é preciso somente ter a certeza do objetivo, observar qual fase da lua será melhor para a magia, saber o signo solar e lunar, o dia da semana, o horário ideal, ter todos os instrumentos necessários, as ervas, os cristais e as velas nas cores certas, tudo disposto em um altar com os quatro elementos e, então, ao juntar tudo isso, a magia pode ser feita. Um pouco complicado, mas apesar de todas essas explicações e dicas, para fazer a magia não é preciso de nada disso.

Todas essas informações e esses instrumentos servem para intensificar feitiços e rituais, entretanto é possível fazer magia apenas usando o poder pessoal.

O mais indicado é começar pelas magias mais simples para trazer o equilíbrio e a harmonia, usando as possibilidades que estiverem ao alcance e sem pressa de avançar nas práticas mágicas.

O bom é aproveitar cada momento e entregar-se a cada magia feita, por mais simples que ela possa parecer. Tudo o que se faz agora será importante para o futuro. Ao focar a atenção nas pequenas magias, passa-se a sentir e ver a sutileza da magia na vida.

✧ MAGIAS PARA O LAR

O lar é o lugar onde normalmente passa-se a maior parte do dia. Ele é o lugar de descanso, aprendizado, ensinamento, divertimento e, às vezes, trabalho. Quando falamos de lar, não se fala apenas da estrutura da casa, mas também do ambiente em que as pessoas são acolhidas e protegidas. O lar é o ambiente familiar onde se lida não somente com a energia própria, mas também, de modo geral, com a energia de outras pessoas com quem se divide o espaço. Mesmo quem mora sozinho, muitas vezes, ao receber visitas de familiares ou de amigos, pode vir a compartilhar da energia daquele ambiente. Por isso, é muito importante cuidar da energia do lar, para que ele esteja sempre agradável, com a sensação de harmonia e proteção.

O lar é onde provavelmente é feita a maioria das magias, e, portanto, a energia do ambiente pode interferir bastante na energia dos feitiços e rituais. Dessa maneira, há muitos motivos para cuidar do ambiente do lar.

Uma casa em harmonia gera uma vida harmoniosa, quando se está à vontade no lar, estende-se esse bem-estar para fora dele também.

Por isso, a seguir estão listadas algumas magias simples para harmonizar, proteger e trazer prosperidade para o lar.

⟡ LIMPEZA ENERGÉTICA COM A VASSOURA

Depois da limpeza física na casa, deve-se fazer a limpeza energética com a vassoura mágica, para expulsar as energias ruins.

Para isso, é importante que seja confeccionada ou comprada uma vassoura e, depois, consagrá-la para que fique purificada e encantada.

Para fazer a limpeza, basta varrer o ar enquanto mentaliza as energias ruins sendo expulsas. O movimento é o mesmo de estar varrendo o chão, porém sem tocá-lo.

Deve-se varrer em direção a porta, para as energias ruins saírem e não voltarem. Se preferir, um encantamento pode ser criado e repetido diversas vezes, enquanto a limpeza estiver sendo feita.

Essa limpeza energética pode ser feita a cada lua minguante. A vassoura é destinada somente para esta finalidade.

✧ LIMPEZA ENERGÉTICA COM SAL GROSSO

O sal grosso é um poderoso purificador, podendo ser usado para limpeza energética de instrumentos mágicos, banhos de purificação e também para a eliminação de energias negativas do lar.

Para isso, deve-se colocar um copo com sal grosso e água em um canto de cada cômodo da casa e também atrás da porta de entrada. Aos poucos a água ficará turva ou com bolhas, então é hora de descartar a mistura e encher o copo novamente com água e sal, para que casa sempre se mantenha purificada.

✧ POTE DE PROTEÇÃO

Além dos benefícios energéticos do sal grosso, neste pote são utilizados o alho e a pimenta, excelentes protetores contra energias negativas.

A confecção do pote é bastante simples, basta colocar bastante sal grosso em um pote de boca larga e decorá-lo com uma cabeça ou sete dentes de alho e três ou sete pimentas vermelhas.

Esse pote pode ser deixado em qualquer lugar da casa, como uma decoração funcional, mas o ideal é colocar nos cômodos mais frequentados.

Assim que o alho e as pimentas secarem, o conteúdo do pote deve ser descartado antes de prosseguir com a confecção de um novo pote de proteção.

✧ PORTAL DE INCENSOS

Essa magia pode ser feita em cada lua cheia para criar uma barreira energética na porta de casa e fazer com que apenas as energias desejadas entrem.

Para isso, serão necessárias duas varetas do incenso de que mais gosta e dois incensários.

Ao lado de fora da porta de entrada da casa, deve-se acender os incensos e segurar cada vareta em cada uma das mãos, paralelamente. Com as varetas unidas, deve-se mentalizar a proteção do lar contra as energias negativas, e que daquele momento, somente as energias de harmonia, amor, amizade entrarão na casa. Depois, deve-se distanciar as varetas e mentalizar um escudo de proteção se formando entre elas. No fim, as varetas de incenso devem ser colocadas em cada um dos lados da porta disposta em incensários e até terminarem de queimar.

✧ ESCUDO PROTETOR DO LAR

Esta magia irá criar um escudo de proteção para o lar contra as energias negativas. Para isso, são necessárias somente a concentração e a varinha mágica, caso haja uma.

Dentro da casa ou mesmo no quintal, deve-se ficar em pé com as mãos estendidas paralelamente ao seu corpo. No caso em que a varinha esteja sendo utilizada, deve-se segurá-la com a mão de poder (mão da escrita).

Nesse momento, os olhos devem estar fechados e é preciso mentalizar o espaço da casa, por meio do pensamento como em um filme, reparar nos detalhes, olhando por vários ângulos.

Ainda de olhos fechados, estenda as mãos e comece a desenhar um escudo no ar, mentalizando uma energia se formando ao redor da casa, como se fosse uma grande bolha brilhante.

Depois, esse escudo com um brilho tão grande que afasta a escuridão, raiva, a tristeza e a negatividade deve ser visualizado na mente.

Com o trabalho concluído, pode-se abaixar as mãos, respirar profundamente e abrir os olhos.

Sempre que a casa precisar de proteção contra energias ruins, esse feitiço pode ser feito. O escudo fará com que as pessoas que trazem energias negativas se sintam desconfortáveis na casa, por isso é comum que algumas pessoas evitem lugares específicos.

✧ DEFUMAÇÃO COM INCENSO NATURAL

As ervas são poderosas aliadas da magia, e podem ser defumadas para eliminar energias ruins e trazer boas energias para o lar.

Para isso, são necessários ramos frescos de uma ou mais ervas.

As ervas mais utilizadas para essa finalidade são: o alecrim, o louro, a sálvia, a arruda, a alfazema, a hortelã, o cipreste, o capim-cidreira e a erva-cidreira (a função de cada uma delas está descrita na página 185).

Depois de selecionadas as ervas, deve-se juntar todos os ramos com um barbante de algodão e amarrá-los de uma ponta a outra, apertando todas as folhas até que fiquem bem presas. Quanto mais apertado ficar o incenso, mais ele irá demorar para queimar.

Acenda uma das pontas do incenso para defumar a casa, enquanto mentaliza um desejo, seja equilíbrio, proteção, prosperidade ou harmonia.

◈ **ASSOPRAR A PROSPERIDADE PARA DENTRO DO SEU LAR**

Sempre que queremos expulsar as energias ruins, nós mandamos porta afora, e quando queremos atrair uma energia boa, nós trazemos para dentro do nosso lar.

Esta magia é muito conhecida entre as bruxas, inclusive, algumas costumam chamá-la de "assoprar a canela".

No primeiro dia de cada mês, deve-se fazer uma limpeza energética na casa, colocando um pouco de canela em pó na palma da mão. Em frente à porta principal da casa, algumas palavras devem ser mentalizadas: *"Quando esta canela eu assoprar, a prosperidade na minha casa vai entrar"*. Em seguida, a canela deve ser soprada, mentalizando a prosperidade.

Depois, esfregue as duas mãos acima da cabeça até não sobrar mais canela.

◈ **GARRAFA DA FARTURA**

Esta garrafa é um amuleto bem conhecido e utilizado pelas bruxas para atrair a abundância para o lar. Para confeccionar esse amuleto somente são necessários uma garrafa transparente com rolha e tipos de grãos variados.

Os grãos devem ser colocados dentro da garrafa com o objetivo de criar camadas. Podem ser usados grãos de arroz, feijão, milho, lentilha, soja, canjica ou qualquer outro tipo de grão disponível.

Durante o processo de confecção da garrafa, deve ser mentalizada a abundância desejada para o lar. Depois, coloque-a em algum lugar da cozinha. O lugar ideal é em cima de algum armário onde são guardados os alimentos.

⋄ QUADRO DA ALEGRIA

Nesta magia, um quadro será confeccionado com o objetivo de trazer mais energias positivas e de alegria para a casa.

Essa é uma ótima magia para ser feita com crianças, pois além de estimular a criatividade, as crianças se sentem alegres e emanam essa energia para o quadro.

Primeiro, deve ser desenhado algo que represente muita alegria, pode ser um Sol, um parque de diversões ou algum momento muito divertido na vida da pessoa que está fazendo a magia.

Depois, com cores alegres e vibrantes, usando lápis, canetas ou tinta, pinte a imagem. Esse deve ser um momento de prazer, sem preocupações com sujeira e sem pressa para acabar.

Antes de pendurar o quadro, desenhe, no verso, a runa nórdica *Wunjo* – runa com as energias da alegria, da felicidade e dos bons momentos.

✧ TALISMÃ DE PROTEÇÃO E HARMONIA

Um talismã pode ser qualquer objeto encantado com as energias que o praticante deseja que ele tenha. Um colar, um anel, ou até mesmo uma estatueta podem servir para transmitir boas vibrações para o ambiente.

Como estamos tratando de magias para o lar, esse talismã servirá para proteger e harmonizar a casa ou algum cômodo específico.

O talismã pode ser qualquer objeto de decoração que seja leve para ser manuseado facilmente.

Para encantar um talismã, é necessário apenas um incenso de alecrim.

Com o incenso aceso, o objeto escolhido deve passado através da fumaça. Então, deve-se mentalizar a fumaça subindo e levando embora as energias impregnadas no objeto para purificá-lo.

Em seguida, com os olhos fechados, deve-se imaginar a fumaça branca ficando azulada, aos poucos, e uma camada de energia azul começa a se prender no objeto.

Mentalize que essa energia é a energia de proteção e de harmonia desejada para o objeto emanar após o feitiço.

Com os olhos abertos novamente, coloque o objeto no lugar que preferir.

Com o tempo essa energia de proteção e harmonia vai se dissipar e será necessário repetir o feitiço. É mais eficaz se feito no primeiro dia de lua cheia.

⋄ **PEQUENAS DICAS:**

1. Objetos que não são utilizados há muitos anos ou objetos quebrados trazem energia de estagnação e fragilidade para o lar. Então, doe os objetos que não são mais utilizados, e se desfaça dos que estão quebrados e não podem ser consertados.

2. Coloque próximo à porta de entrada, ao lado de fora, um vaso com a planta espada-de-são-jorge, para que ela transmita energia de proteção para a casa.

3. Pela manhã, abra as cortinas e janelas para que a energia do Sol entre na casa e espalhe a energia de vitalidade e alegria.

MAGIAS DE LIMPEZA ENERGÉTICA

A limpeza energética é muito importante para eliminar do nosso corpo e da nossa aura todas as energias que não são boas, como aquelas enviadas por outras pessoas, energias criadas com pensamentos negativos, ou energias densas de lugares visitados.

O ideal é que a limpeza seja feita com frequência, para que as energias ruins não prejudiquem nossa vida.

Existem muitos métodos de limpeza energética que podem ser feitos sempre na fase de lua cheia ou minguante. É interessante fazer uma limpeza antes de realizar qualquer magia de prosperidade, proteção, saúde etc. Assim, as energias são recebidas sem interferências.

⟡ CORTANDO ENERGIAS NEGATIVAS

Esta é uma magia muito simples e muito praticada entre as bruxas para se purificar antes de um feitiço ou ritual.

Para essa magia será necessário somente o athame purificado e consagrado.

Em pé, deve-se encostar o athame sobre a cabeça e, em seguida, direcioná-lo pela lateral do seu corpo, em um movimento de corte, de maneira que desprenda uma camada energética acima da pele.

Mentalize as energias negativas se soltando do corpo, caindo ao chão e se desfazendo. Passe o athame pelo corpo inteiro até se sentir mais leve e purificado.

Depois, segure o athame diante do rosto, encoste a lâmina na testa e mentalize uma luz surgindo e se espalhando, pelo corpo inteiro, uma energia de proteção.

✧ BANHO COM POÇÃO PARA PURIFICAÇÃO

Os banhos de ervas são um método tradicional na purificação e energização do corpo. Esse banho pode ser feito sempre que for preciso eliminar energias ruins, como tristeza, raiva e angústia, ou na preparação para algum ritual.

Para esta poção serão usados os itens a seguir:

1 litro de água;

7 folhas pequenas de boldo;

7 punhados ou galhos pequenos de alecrim;

1 punhado de sal grosso.

Em uma panela, ferva a água e adicione as folhas de boldo e o alecrim. Apague o fogo e abafe a panela com uma tampa. Em seguida, deixe a mistura descansar por 10 minutos.

Depois, adicione o sal grosso, misture tudo fazendo círculos no sentido horário e diga o encantamento:

"Torno mágica esta poção,
Para eliminar as energias ruins
Com o seu poder de purificação".

Então, coe e reserve a poção. Durante o banho, um pouco antes de terminá-lo, jogue a poção sobre o corpo, mentalizando as energias ruins indo embora com a água. A energia do sal irá fazer a purificação profunda e as ervas, além de purificarem, também energizarão o corpo.

Faça um enxágue antes de terminar o banho. O restante da poção deve ser descartada, visto que o sal não deve ser jogado na terra para não deixá-la infértil.

✧ LIMPEZA ENERGÉTICA COM ALECRIM

Esta limpeza é para aqueles momentos em que não há tempo de preparar um banho completo de purificação.

Sempre que houver a percepção da energia densa no corpo, ou como preparação para um feitiço ou ritual, essa limpeza é recomendada.

Para esta limpeza serão usados os itens a seguir:

1 litro de água;
1 punhado de alecrim.

Em uma panela, ferva a água e adicione o alecrim. Em seguida, apague o fogo e abafe a panela com uma tampa. Deixe a mistura descansar até a água ficar morna.

Depois, coloque todo o conteúdo da panela em uma bacia. Faça a imersão das mãos dentro na água e feche os olhos. Lave as mãos devagar, enquanto mentaliza a energia indesejada saindo do corpo.

Quando terminar, não enxágue as mãos, apenas seque-as com uma toalha.

Essa é uma ótima limpeza para ser feita antes de um ritual em grupo para os participantes se purificarem.

✧ BANINDO ENERGIAS NEGATIVAS LANÇADAS A VOCÊ

Se você sente que existem pessoas que não querem seu bem e que mesmo de longe lhe enviam energia ruim – ainda que você não saiba quem são essas pessoas, embora sinta que está recebendo uma carga negativa –, faça esta magia para se livrar dessas influências.

Para este feitiço serão usados os itens a seguir:

1 pilão;
ervas secas de limpeza energética como arruda, sálvia ou salsa (se não tiver as ervas secas, você pode usar folhas secas que encontrar pelo caminho); um barbante ou graveto para traçar um círculo no chão.

Em um lugar aberto, como um campo ou uma praia, trace um círculo no chão no sentido horário (você pode usar um barbante se estiver em um gramado ou desenhar na areia com um graveto se estiver na praia) enquanto mentaliza uma camada de proteção surgindo sobre você.

Sente-se no centro do círculo e coloque as ervas secas no pilão.

Macere-as com toda a energia, imagine estar diminuindo a pó toda a energia que enviaram para o prejudicar. Todas essas intenções e esses pensamentos ruins se transformam em poeira por suas mãos, pois você tem mais poder que eles.

Depois que macerar o máximo que conseguir, fique em pé bem perto da linha que traçou, coloque o pó na palma da mão e assopre-o para fora do círculo. Procure fazer isso no sentido do vento, para que o pó voe para bem longe.

Ao terminar, desfaça o círculo no sentido anti-horário.

Para manter sua energia protegida de influências negativas, faça uma magia de proteção em seguida.

✧ PURIFICAÇÃO COM A COR VIOLETA

Você pode fazer esta magia sempre que sentir sua energia sobrecarregada. A cor violeta irá transmutar e purificar suas energias para que você se sinta leve.

É necessário estar em um momento tranquilo do dia e em um ambiente confortável para relaxar.

Para este feitiço serão usados os itens a seguir:

1 cristal pequeno de ametista;
1 incenso de lavanda;
1 vela violeta ou roxa.

Acenda a vela e respire profundamente procurando relaxar. Feche os olhos e imagine que a chama da vela irradia uma luz violeta intensa sobre você, afastando energias que não lhe fazem bem.

Você pode imaginar que todo pensamento ruim, tristeza ou raiva são como manchas escuras a seu redor, e a luz da vela violeta dissolve tudo isso.

Em seguida, deixe a vela em um suporte e acenda o incenso de lavanda. Mais uma vez feche os olhos e imagine agora uma fumaça leve e violeta passando sobre seu corpo, envolvendo-o e criando uma barreira para impedir que as manchas escuras voltem.

Coloque o incenso em um incensário e deite-se onde achar mais confortável. Coloque a ametista sobre sua testa e relaxe pelo tempo que precisar.

É muito provável que você durma, e não tem problema se isso acontecer. Assim que acordar e se levantar, sua energia estará restabelecida novamente.

MAGIAS DE PROSPERIDADE

A palavra prosperidade significa "obter o que se deseja", portanto ela envolve não somente a riqueza, mas também o crescimento pessoal. Uma pessoa próspera é aquela que cresce em sua carreira, que desenvolve o âmbito mental e o espiritual, que obtém sucesso em tudo aquilo que se propõe a fazer e está em constante crescimento em sua vida.

Então, para alcançar esse perfil de pessoa, há algumas magias que auxiliam no caminho da tão desejada prosperidade.

Porém, lembre-se de que, além de fazer as magias, o importante é não se acomodar e continuar em busca dos seus objetivos. A magia abre os caminhos, mas quem deve trilhá-los somos nós!

⋄ BANHO DE PROSPERIDADE

Um dos melhores momentos para relaxar e mentalizar os desejos é durante o banho, que deve ser feito, preferencialmente, em uma banheira. Caso contrário, pode ser feito um escalda-pés usando uma bacia.

Para este banho serão usados os itens a seguir:

1 litro de água;

3 punhados de camomila;
3 anis-estrelados;
3 paus de canela.

Em uma panela, ferva um litro de água e adicione todos os ingredientes. Em seguida, apague o fogo e abafe a panela com a tampa. Deixe a mistura descansar por dez minutos.

Depois, encha a banheira ou uma bacia com água morna e deposite todo o conteúdo da panela.

Faça a imersão na banheira ou dos pés na bacia e procure relaxar.

Procure se concentrar somente na água molhando a sua pele, no cheiro das ervas e nas sensações trazidas por esse momento.

Quando sentir o corpo e a mente bem relaxados, mentalize várias vezes o encantamento:

"A energia de prosperidade está em mim e comigo permanecerá!".

Acredite nessa energia fazendo parte de você. A partir do banho, será possível prosperar e ter sucesso em todos os desejos.

Então, termine o banho com calma e despeje as ervas que foram utilizadas em um jardim ou vaso de planta agradecendo a terra pela energia concebida.

✧ PÓ MÁGICO DA FORTUNA

Este pó mágico pode ser usado para atrair mais clientes se for jogado na porta do comércio. Além disso, pode aumentar o fluxo de dinheiro se for jogado sobre a carteira, e pode trazer mais riqueza se for jogado sobre a assinatura em um papel e queimado no caldeirão.

Para este pó mágico serão usados os itens a seguir:

1 pilão ou almofariz;

1 frasco com tampa;

1 vela amarela;

canela em pó;

alecrim;

gengibre em pó.

Em um pilão ou almofariz, coloque um punhado de alecrim e triture-o até virar um pó. Adicione a canela e o gengibre em pó, misture-os bem e coloque a mistura no frasco.

Em seguida, acenda a vela amarela, segure-a e mentalize a energia de riqueza desejada. Depois, continue segurando a vela com uma das mãos e coloque a outra sobre o frasco com o pó mágico. Então, recite o encantamento:

"Chama que me ilumina

Transforme a energia das ervas em riqueza

Para que no breve futuro

Minha fortuna seja uma certeza".

Deixe a vela terminar de queimar ao lado do frasco com o pó mágico. Pronto, agora o pó mágico da fortuna já pode ser utilizado.

✧ FEITIÇO DA MOEDA MÁGICA

Este feitiço serve tanto para atrair a sorte e prosperidade, quanto para ajudar outra pessoa que também precisa dessa energia.

Para este feitiço serão usados os itens a seguir:

1 saco de pano pequeno branco, amarelo ou verde;

1 moeda dourada;

3 folhas de louro secas;

fita adesiva ou acetinada.

Purifique todos os itens antes de prosseguir com a receita.

Feito isso, coloque as folhas de louro e a moeda dentro do saquinho, e feche-o com uma fita.

Segure o saquinho entre as mãos e mentalize a energia da sorte, do sucesso, da prosperidade e da riqueza que esse amuleto irá te trazer.

Então, guarde o saquinho em sua bolsa para que ele esteja sempre atraindo a prosperidade em qualquer lugar.

Quando alguém lhe pedir ajuda, retire a moeda do saquinho e dê com mais algum valor que desejar.

Ao entregar a moeda para a pessoa diga:

"Que nunca falte para mim nem para você!".

Depois, basta purificar outra moeda e colocá-la novamente dentro do saquinho, para que ele continue atraindo a prosperidade.

⋄ **SAL TEMPERADO**

A energia de abundância de um lar está na cozinha, por isso a maioria das magias para prosperidade são feitas com alimentos.

Nesta magia em especial você poderá fazer um preparo mágico para encantar qualquer receita que combine com esse tempero.

Para fazer o sal temperado você pode escolher ervas de sua preferência, mas o ideal é que sempre tenha em mente qual das finalidades mágicas de cada uma você deseja, para que além do sabor e da energia das ervas, elas tenham muito de sua intenção.

Temperos recomendados:

Alecrim para atrair alegria.

Alho para atrair saúde.

Orégano para atrair felicidade.

Pimenta para atrair vitalidade.

Salsa para atrair prosperidade.

Você pode usar exatamente esses itens e mentalizar essas intenções ou fazer um tempero diferente com outras ervas.

As ervas devem estar desidratadas para que possam ser misturadas ao sal.

O sal é um poderoso purificador de energia, ele abrirá passagem para que, ao saborear os pratos, você receba toda a magia das ervas.

Utilize a medida de uma xícara de sal e uma colher (sopa) de cada erva desidratada. Se preferir, você pode utilizar meia colher (sopa) de pimenta para seus preparos não ficarem tão apimentados.

Ao adicionar cada item, mentalize a energia desejada. Misture bem e coloque todo o conteúdo em um pote com tampa.

Para tornar este preparo ainda mais mágico, acenda uma vela branca ao lado do pote e mentalize a prosperidade que você deseja atrair ao utilizar o sal temperado.

Guarde o pote em um lugar fresco e seco e utilize o sal temperado sempre que desejar.

◇ **FOCACCIA ENCANTADA**

Nada melhor do que atrair a prosperidade com uma receita mágica.

Esta receita é de um pão de origem italiana, muito conhecido por parecer uma massa de pizza e receber diversos tipos de cobertura.

Você pode utilizar o sal temperado da magia anterior nesta receita, já que a massa de pão fica ainda mais gostosa com as ervas.

Além da energia dos ingredientes, para ser uma receita encantada é importante que você esteja vibrando boas energias durante o preparo. Tenha sempre em mente as boas energias de prosperidade e abundância que deseja.

Ingredientes:

500 g de farinha de trigo;
10 g de fermento biológico seco;
400 ml de água morna;
1 colher (chá) de sal (ou sal temperado);
1 colher (sopa) de açúcar;
½ xícara de azeite;
alecrim fresco.

Em uma tigela grande adicione a farinha, o fermento, o açúcar e o sal (temperado ou não) e o azeite.

Adicione a água morna aos poucos – dependendo da marca da farinha que utilizar, o preparo pode precisar de menos água. A consistência ideal da massa é bem pegajosa.

Cubra a tigela com plástico-filme e deixe a massa descansar por 40 minutos. Nesse momento você pode aproveitar para acender uma vela amarela e fazer um encantamento. Posicione suas mãos na direção da massa e diga:

"*Cresça, massa, lindamente, assim como o sol nascente.*
Cresça e traga prosperidade à minha vida rapidamente!".

Depois de a massa dobrar de tamanho, molhe os dedos em um pouco de azeite e faça movimentos para desgrudá-la da tigela, sempre de baixo para cima.

Em seguida, coloque a massa em uma assadeira untada com azeite e a espalhe com os dedos para ficar esticada por todo o recipiente.

Deixe descansar por mais 20 minutos.

Em seguida, pressione as pontas dos dedos sobre a massa várias vezes, criando vários buraquinhos e deixando a massa com um aspecto ainda mais fofo.

Lembre-se sempre de passar azeite nas mãos ao tocar na massa para ela não grudar nos dedos.

Nesse momento você pode acrescentar sobre a massa ingredientes que potencializarão sua intenção mágica. Você pode adicionar: tomate-cereja cortado para atrair, além de abundância, saúde e amor; cebola para limpar de seus caminhos energias que o impeçam de prosperar; ou alecrim, que é muito usado tradicionalmente para levar a prosperidade com alegria para sua vida.

A *focaccia* é muito versátil e permite vários tipos de coberturas, então escolha o que te agrada mais. Ficará uma delícia!

Coloque o preparo no forno preaquecido a 200 graus por 30 minutos ou até dourar.

Sirva a *focaccia* encantada para pessoas que você ama e espalhe a energia da prosperidade!

MAGIAS DE PROTEÇÃO

As magias de proteção servem para criar um escudo protetor contra energias negativas, influências de outras pessoas, sentimentos ruins ou até mesmo magias enviadas contra nós.

Abaixo estão algumas magias bem simples para a proteção pessoal, que devem ser feitas preferencialmente depois de uma limpeza energética.

As magias de proteção pessoal também podem ser direcionadas para alguma área da vida. Por exemplo, se você precisa de proteção para a saúde, ou para o relacionamento, direcione as magias mentalizando o desejo.

◇ **GARRAFA DE PROTEÇÃO**

Este feitiço protege das energias negativas.

Para este feitiço serão usados os itens a seguir:

1 garrafa pequena com rolha;
1 foto ou um fio de cabelo seu;
1 turmalina negra rolada
(de preferência, para que não quebre);
tecido preto;
cascas de alho;
erva de proteção

(arruda, guiné ou espada-de-são-jorge);
sal grosso.

Coloque dentro da garrafa o sal grosso, um punhado de ervas, as cascas de alho, a turmalina negra e a fotografia ou fio de cabelo.

Em seguida, coloque a mão sobre a boca da garrafa e mentalize a energia de proteção desejada – proteção contra negatividade, tristeza, raiva ou inveja.

Depois, tampe a garrafa, envolva-a com o tecido preto e guarde-a em um lugar difícil de ser encontrada.

Quando perceber que precisa renovar a sua proteção, descarte o conteúdo da garrafa, exceto a turmalina negra, que pode purificar novamente para reutilizar e faça o feitiço novamente.

⋄ **PROTEÇÃO COM VELA**

A vela preta é utilizada tanto para eliminar energias negativas quanto para proteger. Por isso, neste feitiço será necessária apenas uma vela preta.

Antes de iniciar, convide outra pessoa para ajudá-lo com a leitura enquanto faz o feitiço, que é como uma meditação guiada.

Em um momento de tranquilidade do dia, acenda uma vela preta, segure-a entre as mãos e de olhos fechados, respire profundamente e relaxe.

Mentalize a luz que sai da chama da vela crescendo e ficando maior que o próprio corpo. Então, visualize uma fumaça escura se desprendendo do corpo e se desfazendo na luz. Ela está purificando todos os sentimentos ruins e as energias negativas existentes em seu corpo.

Então, a luz vai ficando ainda mais clara e brilhante e, aos poucos, ela se acomoda e se molda ao corpo. A luz cria uma camada de proteção ao redor do corpo, e nesse momento, deve-se mentalizar contra quais tipos de energia deseja proteção.

Enquanto isso, a luz fica cada vez mais perto da pele e se mistura ao corpo.

Respire profundamente e abra os olhos.

Deixe a vela em um suporte para que ela termine de queimar.

Você pode repetir esse feitiço sempre na fase de lua minguante.

✧ MANDALA DE PROTEÇÃO

Uma mandala é um círculo de concentração de energia, que pode ser feita de diferentes formas, mas nesta magia serão usados objetos naturais.

Para esta mandala serão usados os itens a seguir:

7 cristais pequenos para proteção;

7 conchas pequenas;

*7 flores, ou pétalas, ou folhas, ou galhos
(preferencialmente, plantas para a proteção);
1 fotografia ou o nome completo escrito em um papel;
desenho do pentagrama com o tamanho aproximado
da foto.*

Sente-se no chão ou diante do altar, imagine o tamanho da sua mandala e projete a imagem da mandala no centro da fotografia.

Coloque todos os itens formando um círculo em volta da fotografia. A primeira fileira do círculo deve ser feita com as plantas, coloque-as, uma a uma, com tranquilidade e mentalizando a energia de proteção.

Depois, repita o processo com as conchas e, por fim, com os cristais.

Segure entre suas mãos o desenho do pentagrama e diga:

*"Magia do equilíbrio, magia da proteção,
Magia do símbolo de poder que está em minha mão
Torne esta mandala mágica e afaste o mal para longe de mim,
Pelos poderes da natureza e pelo meu poder:
que seja assim!".*

Coloque o pentagrama sobre a a foto.

Com as mãos estendidas sobre a mandala, feche os olhos e visualize raios saindo de cada objeto e indo em direção à fotografia. Imagine também a formação de um escudo de luz sobre a fotografia. Mentalize essa proteção durante alguns minutos, depois respire fundo e abra os olhos.

Deixe a mandala montada por no mínimo três horas. Depois, recolha todos os itens, guarde os cristais e as conchas para serem purificados, jogue as plantas em um jardim ou vaso de planta e coloque a fotografia com o pentagrama dentro do seu livro das sombras, para manter a energia de proteção.

Repita a magia sempre que a proteção energética ou espiritual for necessária.

✧ POÇÃO EM SPRAY

Este spray é preparado com poderosas ervas de proteção que o ajudarão a proteger as energias de seus rituais e o protegerão para não ser prejudicado por vibrações nocivas.

A ideia do preparo desta poção é que ela seja feita três dias antes da lua cheia, para que seja energizada com todo o poder da lua. Mas se você tiver certa urgência, pode fazer de acordo com a sua necessidade.

Para esta poção serão usados os itens a seguir:

1 frasco de spray;
álcool de cereais;
alecrim, arruda e guiné secos;
1 pedra obsidiana que caiba no frasco.

Coloque dentro do frasco um punhado de cada uma das três ervas de proteção e a obsidiana. Despeje o álcool no frasco até cobrir todas as ervas. Tampe-o bem e mexa-o devagar para que o conteúdo se misture.

Guarde-o em algum armário, ou gaveta, protegido da luz durante três dias até a lua cheia.

No dia da lua cheia, prepare seu altar e coloque o frasco da poção destampado no centro. Acenda uma vela branca ou preta e mentalize a energia de proteção que você deseja para sua poção. Pense em todas as coisas das quais você deseja proteção.

Deixe a vela no altar até terminar de queimar, tomando cuidado para não deixá-la próxima do frasco com álcool.

Ao final, a quantidade de álcool no frasco terá diminuído devido à evaporação. Complete o frasco com água e ele já poderá ser utilizado em suas práticas. Se preferir, você pode coar o conteúdo para que fique somente o líquido dentro do frasco.

Esta poção em spray pode servir para criar uma barreira energética no ambiente em que você pretende realizar alguma magia. Além disso, você pode usá-lo para criar uma bruma de proteção antes de sair de casa, basta espirrar para cima, fechar os olhos, abaixar a cabeça e deixar cair sobre você enquanto mentaliza um manto energético que te protegerá contra qualquer mal ou vibrações negativas.

✧ NOME MÁGICO SECRETO

Criar um nome mágico é uma maneira de atrair para si as energias que deseja através das palavras e de seus significados. Praticantes de bruxaria costumam criar nomes mágicos para atrair autoconfiança, disciplina, delicadeza e as mais diversas finalidades.

Neste feitiço o foco é a proteção. Você pode criar um nome mágico que só você conheça, e com ele criar um escudo protetor para que nenhum mal o atinja. Enquanto todos desconhecerem esse nome, ninguém poderá atacá-lo energeticamente.

O primeiro passo é você pensar em um nome que goste. Você pode se inspirar em um nome comum, trocar algumas letras, misturar com o nome de alguma planta ou cristal, enfim, use a criatividade.

Depois você escreverá esse nome em um papel e se apresentará ao universo com ele. Você pode fechar os olhos e dizer:

"Ao escrever neste papel, eu me tornei (nome). Sou (nome) e ninguém poderá me prejudicar. Serei (nome) até o fim e a proteção estará sobre mim".

Este encantamento tem como finalidade apresentar seu novo nome no passado, no presente e no futuro, usando as palavras "me tornei, sou e serei".

Acenda uma vela preta e derrame a cera sobre o nome escrito no papel. Mentalize neste momento um véu cobrindo sua energia e impedindo qualquer energia negativa de chegar perto.

Depois, queime o papel na chama da mesma vela, e assim seu nome será enviado ao universo e ninguém mais poderá lê-lo.

Ao final, deixe a vela terminar de queimar para que a magia seja completada.

Você pode usar esse nome sempre que fizer alguma magia de proteção. Você pode, por exemplo, acender uma vela mentalizando:

"Eu, [nome], protejo minha energia com o poder do fogo".

Ou pode consagrar um amuleto de proteção mentalizando:

"Eu, [nome], consagro este amuleto para que me proteja de vibrações nocivas".

MAGIAS DE CURA E SAÚDE

As magias para a saúde servem para manter a mente e o corpo saudáveis, e para afastar qualquer problema de saúde.

As magias de cura são para atrair a energia da cura quando você já se encontra doente, porém elas não devem substituir qualquer tratamento médico. A magia deve sempre ser usada como uma aliada da ciência.

Um ótimo momento para fazer magias de saúde é no primeiro dia da fase de lua cheia, visto que as energias são aumentadas nesse período.

◇ ELIXIR DE QUARTZO VERDE PARA A SAÚDE

O cristal de quartzo verde tem o poder de transmutar as energias ruins em energias boas e emanar a energia de cura e bem-estar.

Para fazer este elixir, é necessário ter apenas um quartzo verde rolado e uma jarra com água mineral.

Antes de fazer o elixir, lembre-se de purificar e energizar o cristal.

Coloque o cristal dentro da jarra com água. Posicione uma das mãos sobre a jarra e mentalize uma luz verde saindo do centro da mão e iluminando toda a água. Pense na saúde plena, e no corpo e na mente saudáveis.

Depois, beba um pouco da água e mentalize o corpo sendo purificado com a energia do quartzo.

Beba a água durante todo o dia, quando estiver chegando no fim, basta adicionar mais água na jarra.

⟡ FEITIÇO DA SAÚDE COM EUCALIPTO

Este é um feitiço que trabalha a saúde por completo, tanto física quanto mental e emocional. Por isso, ele pode ser feito para atrair a boa saúde ou para ajudar na recuperação de algum problema que já está em tratamento.

Para este feitiço serão usados os itens a seguir:

3 folhas secas de eucalipto;

lápis;

caldeirão.

Com o lápis, escreva em um uma folha "saúde física", na segunda folha, escreva "saúde emocional", e "saúde mental" na terceira folha.

Acenda o fogo dentro do caldeirão para queimar as folhas.

Segure a primeira folha, que representa a sua saúde física, e concentre-se em seu corpo, em sua pele e no toque das mãos.

Jogue a folha no fogo e, enquanto ela queima, diga:
"Eu tenho a saúde física perfeita".

Em seguida, segure a segunda folha que representa a sua saúde emocional e concentre-se nos batimentos do seu coração.

Jogue a folha no fogo e diga:
"Eu tenho a saúde emocional perfeita".

Por último, segure a terceira folha e concentre-se em sua cabeça, deixe que os pensamentos percorram a mente e foque novamente no feitiço.

Jogue a folha no fogo e diga:
"Eu tenho a saúde mental perfeita".

Enquanto as folhas terminam de queimar, procure relaxar e sentir a energia desse feitiço trazendo mais saúde.

✧ PEDIDO DE CURA

Este feitiço é feito com a energia da transmutação do fogo e com a energia da cor verde.

O único item necessário nesse feitiço é uma vela verde.

Primeiro, fique em pé, acenda a vela e segure-a diante de seus olhos. Olhe fixamente para a chama e peça para o fogo que transmuta a energia doente do seu corpo em energia de saúde e bem-estar.

Passe a vela ao redor do seu corpo inteiro e repita algumas vezes:

"Ervas sagradas representadas pela cor desta vela, curem o meu corpo e me tragam saúde".

Quando terminar, coloque a vela em um suporte até ela terminar de queimar.

Este feitiço pode ser repetido em cada fase de lua crescente para manter a energia de saúde.

✧ ESCALDA-PÉS DE CAMOMILA

O escalda-pés é uma prática de relaxamento que alivia dores e cansaço dos pés e de todo o corpo devido a suas terminações nervosas que se ligam aos órgãos. Além dos benefícios físicos, o escalda-pés pode trazer benefícios energéticos quando utilizamos ervas e cristais em conjunto com a água quente.

Este escalda-pés tem a finalidade de trazer relaxamento e alívio de inchaço. Mas você pode tornar esse momento de autocuidado ainda mais mágico se colocar uma música que goste, acender velas e seu incenso favorito.

Para este escalda-pés serão usados os itens a seguir:

1 punhado de camomila;
pedras roladas de quartzo;
1 bacia grande;
água quente suficiente para cobrir os pés.

Prepare uma infusão com a camomila: com a água quase fervente, acrescente a erva, desligue o fogo e abafe. Depois de 10 minutos, pode coar.

Coloque a infusão de camomila na bacia junto aos cristais e complete com água quente.

Deixe os pés submersos e aproveite para fazer uma massagem pressionando as pedras suavemente. Isso faz com que a circulação sanguínea das pernas melhore e consequentemente o inchaço diminua.

Ao sentir a água começando a esfriar, retire os pés da bacia, seque-os e use um creme para hidratá-los.

Você pode fazer este escalda-pés sempre que sentir necessidade ou pode reservar uma sexta-feira para fazê-lo – já que este é um dia regido por Vênus, é o momento ideal para o autocuidado.

✧ CURA COM A SELENITA

A selenita é um maravilhoso cristal de purificação, proteção e conexão espiritual. Mas no uso terapêutico a selenita é uma poderosa ferramenta de cura, aliviando dores, fortalecendo o corpo e reduzindo o estresse.

O uso da selenita é muito simples. Você pode posicionar o cristal sobre o local onde sente dor e aguardar o alívio.

Como praticante de magia, você já sabe que a mentalização e a nossa intenção têm grande poder nas práticas, então, nesta magia, além de apenas posicionar o cristal, você mentalizará a cura para seu corpo.

Fique em pé, feche os olhos e, com a selenita em sua mão de poder (a mão que você escreve), imagine um raio de luz branco vindo dos céus e refletindo no cristal. Como se a selenita fosse um canalizador de energia de cura, você começa a passar o cristal pelo corpo, e consequentemente a luz vai irradiando para onde você direciona. Se estiver com dor em alguma região, mantenha o cristal por mais tempo ali.

Quando terminar, respire profundamente três vezes e mentalize a luz vindo de dentro de você, como se fosse uma nova aura além da sua. Essa energia de cura transformará cada célula de seu corpo e o tornará saudável. O ideal é que depois dessa magia você durma e deixe seu corpo renovar as energias.

Se você estiver fazendo esta magia com outra pessoa, peça a ela que se deite pra você fazer a mentalização da luz. Depois, deixe que a pessoa durma tranquilamente.

A selenita é um cristal que se autopurifica, portanto não há necessidade de fazer uma limpeza a cada magia. Mas se você quiser energizá-la, pode deixá-la sobre a terra em um vaso de planta antes de utilizar novamente.

MAGIAS
PARA O AMOR

Quando ouvimos falar de magia para o amor já imaginamos aquelas cenas de filmes em que basta uma gotinha de uma poção para que a pessoa desejada apaixone-se completamente. É muito bonito e simples, mas não é assim que funciona.

Principalmente porque magias para o amor não são sempre para conquistar alguém. As magias com a energia do amor também são para atrair vibrações positivas como carinho, harmonia, respeito, felicidade e paz.

Podemos aumentar o amor-próprio com essas vibrações; quando gostamos de nós mesmos, nos sentimos confiantes e livres para ser o que somos de verdade – o que nos deixa ainda mais atraentes aos olhos de outras pessoas.

As magias para o amor também podem reacender a paixão de um casal que se ama e trazer de volta o amor jovem que ficou esquecido. Podem também atrair para seu caminho uma pessoa especial que o fará feliz do jeito que você deseja.

Entretanto, ao realizar magias para o amor, não se deve pensar em atrair uma pessoa específica. Se você gosta de uma pessoa e quer chamar a sua atenção romanticamente, faça magias para ficar mais atraente, para chamar a atenção de um modo geral, não especificamente para uma pessoa. Fazer magias pensando em uma pessoa é muito perigoso e pode trazer consequências irreversíveis. Hoje você pode desejar ter uma pessoa ao lado que no futuro não será como você imaginou, causando uma grande dor de cabeça.

Os melhores dias para fazer magia para o amor são as sextas-feiras durante a lua cheia, principalmente na lua azul, quando os poderes são duplicados.

✧ FEITIÇO DO AMOR-PRÓPRIO

Muitas pessoas não se sentem felizes consigo mesmas a ponto de enxergarem somente defeitos quando se olham no espelho. Geralmente, elas se sentem inferiores às outras pessoas e essa atitude, além de prejudicar a própria pessoa, pode dificultar o relacionamento dela com os outros.

Esse feitiço pode ajudar quem precisa de um incentivo para enxergar as melhores qualidades e exaltá-las para se sentir bem e mais confiante.

Momento ideal: terça ou sexta-feira de lua crescente

Para este feitiço serão usados os itens a seguir:

1 espelho;
pétalas de rosas cor-de-rosa;
água quente;
algodão ou tecido novo.

Coloque em uma panela ou no caldeirão a água quente e um punhado de pétalas de rosa. Mexa a mistura no sentido horário e mentalize energias boas, o amor-próprio e bem-estar.

Reserve um pouco da água e, com o restante, tome um banho. Durante o banho, mentalize o amor-próprio, a autoconfiança, e a alegria renovada.

Depois do banho, coloque o espelho na sua frente, molhe o algodão ou tecido com a água que você reservou e passe no espelho enquanto diz:

"Consagro este espelho com os poderes da natureza, que ele revele a minha essência com a mais pura beleza".

Deixe que o espelho seque naturalmente e posicione-o em um lugar onde possa sempre se olhar. Sempre que observar seu reflexo nesse espelho, procure uma qualidade em si mesmo e elogie-se.

✧ FEITIÇO PARA ATRAIR UM AMOR

A finalidade deste feitiço é abrir os caminhos do amor para encontrar uma pessoa especial, e que o amor seja recíproco.

No entanto, quando se está em um relacionamento, pode-se fazer o feitiço com o seu par para pedirem mais amor, paixão e companheirismo na relação.

Para este feitiço serão usados os itens a seguir:

1 maçã;
mel;
papel e lápis.

Corte a maçã um pouco acima da metade, formando uma tampa. Com uma colher, retire o miolo da fruta, que pode ser ingerido ou usado para fazer um suco.

Com o lápis, escreva seu pedido no papel para atrair um novo amor ou para aquecer o seu relacionamento.

Por exemplo:
"Eu desejo que em breve apareça no meu caminho uma pessoa especial que seja amorosa, atenciosa, simpática e que me ame assim como eu a amarei".

Ou se o casal estiver fazendo o feitiço, o texto pode ser algo assim:
"Nós desejamos que o amor dentro de nós seja fortalecido e que possamos sentir novamente nossos corações aquecidos pela paixão".

Dobre o papel com o pedido três vezes e coloque-o dentro da maçã.

Depois jogue uma colher de mel sobre o pedido, enquanto diz em voz alta as palavras a seguir:

"Doce agora é o meu pedido
Doce será a minha vida
Quando ele for atendido".

Junte as partes da maçã e enterre-a em um vaso ou jardim.

Este feitiço pode ser feito no primeiro dia de lua cheia ou em uma sexta-feira no período de lua crescente.

⟡ FEITIÇO DO AMOR UNIVERSAL

Este feitiço é para quando somos egoístas demais, ou pouco empáticos.

O primeiro passo é enxergar algo que não está bem. Feito isso, então, esse é o momento de se livrar dessa rigidez e se tornar uma pessoa amorosa e feliz, para que haja fluidez e leveza na vida.

Para este feitiço serão usados os itens a seguir:

1 vela rosa;

1 quartzo-róseo rolado;

1 copo com água.

Purifique e lave bem o quartzo-róseo, e coloque ele dentro do copo com água.

Acenda a vela, segure-a nas mãos. Faça um pedido para aquecer o coração e preenchê-lo com o amor universal, que o fará enxergar todas as pessoas como semelhantes e ser mais carinhoso, mais amigo e menos orgulhoso.

Feche os olhos e mentalize um campo forrado de flores, o sol brilhando no céu azul e aquecendo o rosto, o corpo e o coração.

Mentalize a caminhada por esse campo sentindo a leveza das flores, do vento contra o seu corpo e a sua própria leveza.

Permaneça nesse campo o tempo que for preciso, até sentir o coração mais tranquilo e feliz.

Abra os olhos, coloque a vela ao lado do copo com água e deixe-a queimar até o fim.

No fim, beba a água do copo para sentir-se novamente no campo de flores.

A partir de agora, espalhe para o mundo o amor que aqueceu o coração. Seja gentil, sorria e faça outra pessoa sorrir, demonstre carinho e respeite o próximo. E, sempre que sentir vontade, imagine-se no campo de flores.

⋄ MEL ENCANTADO DO AMOR

Este é o preparo de um mel encantado muito conhecido pelas bruxas modernas. Ele é usado para atrair a energia do amor, da paixão, da sensualidade e da autoestima.

Você pode usá-lo de diferentes maneiras tanto na culinária quanto em suas magias para intensificar a energia do amor.

O preparo deste mel é bem simples, porém leva algum tempo para ficar pronto. Você deve começar a preparação em uma sexta-feira, e na sexta-feira seguinte ele estará pronto.

Para o mel encantado serão usados os itens a seguir:

mel puro;
recipiente de vidro com tampa;
frutas com a energia do amor: morango, maçã, pêssego e uva;
ervas: hibisco e pétalas de rosas vermelhas frescas;
temperos: canela em pau, cravo-da-índia, pimenta-rosa e noz-moscada;

Coloque no recipiente todas as frutas picadas. A quantidade vai depender de quanto mel você tem para cobrir tudo.

Adicione as ervas e os temperos, tomando cuidado com a quantidade, já que são temperos fortes e podem roubar o sabor do mel. Na dúvida, utilize meia colher de café como medida para a pimenta e a noz-moscada. Esta é a quantidade de tempero recomendada para uma vasilha de aproximadamente 500 ml. Siga a mesma proporção caso queira um volume maior.

Por fim, complete o recipiente com mel até cobrir todos os ingredientes.

Se desejar, você ainda pode colocar um cristal rolado de quartzo rosa, mas lembre-se de tomar cuidado na hora de consumir o mel.

Ao terminar o preparo, coloque o mel em seu altar e acenda uma vela-palito cor-de-rosa para consagrá-lo com a energia do amor. Assim que a vela terminar de queimar, coloque o mel na geladeira e deixe-o lá por sete dias para que o sabor dos ingredientes seja apurado.

Você pode consumir o mel com bolos, biscoitos e pães. Também pode usar uma colher (sopa) em banhos mágicos para o amor. Mantenha-o sempre refrigerado, e ao utilizá-lo mentalize sua intenção.

⋄ PERFUME DA ATRAÇÃO

Este perfume tem a finalidade de deixar a pessoa mais atraente, e não só para outras pessoas – ele desperta seu poder pessoal e melhora sua autoestima. Uma pessoa mais confiante consequentemente estará mais atraente.

O perfume leva em média um mês para ficar pronto – é muito importante aguardar esse período para que perca o cheiro do álcool. Você pode fazer este preparo em seu altar em um dia de lua cheia, e assim você saberá que na próxima lua cheia o perfume estará pronto.

Decore o altar com velas, rosas, cristais e outros itens que atraiam a energia do amor para intensificar esta magia.

Para este perfume serão usados os itens a seguir:

1 frasco para perfume;

10 gotas de óleo essencial de patchouli;

20 gotas de óleo essencial de jasmim;

20 gotas de óleo essencial de bergamota;

100 ml de álcool de cereais.

Adicione todos os ingredientes no frasco e mexa bem para que os óleos essenciais se misturem. Em seguida deixe o perfume guardado em algum lugar protegido de luz e calor.

Se você quiser fazer um rótulo para o perfume, pode desenhar um símbolo que ajude a atrair ainda mais essa energia de amor, como este símbolo usado nas runas das bruxas:

Você pode usar o perfume em um dia especial para encontrar alguém interessante ou quando precise olhar para si com mais carinho.

MAGIAS DE INTUIÇÃO E CLARIVIDÊNCIA

Nós bruxas já temos a intuição mais aflorada, devido a nossas práticas e nossa ligação com as energias do universo. Porém, em alguns momentos, podemos sentir que nossas percepções não estão muito afiadas. Nesse caso precisamos de uma ajudinha para estimular os sentidos.

Ter uma intuição aguçada é excelente para ajudar as magias ou a leitura de oráculos, mas além disso, em muitos momentos do dia, a intuição nos dá sinais do que é bom ou não – então o melhor é saber interpretá-los.

A intuição é quando sentimos, a clarividência é quando vemos, mesmo que com a mente.

Ter clarividência nem sempre pode ser algo tranquilo e feliz, já que uma pessoa clarividente pode ter visões de algo negativo, e fica com certa responsabilidade. Mas há maneiras de usar a clarividência com prudência e focar somente em visões do que pretende saber.

✦ POÇÃO DA INTUIÇÃO

Na prática da magia, é preciso sempre estar atento aos pequenos avisos e detalhes que o universo mostra. Para isso, é preciso estar com a intuição bem aflorada.

Esta poção foi elaborada para untar velas, consagrar instrumentos mágicos e para usar antes de um feitiço, ritual ou consulta de oráculo.

Para esta poção serão usados os itens a seguir:

1 pouco de azeite de oliva;
artemísia fresca ou desidratada;
1 pilão ou almofariz;
1 frasco de vidro com rolha;
1 vela branca.

Coloque um punhado de artemísia no almofariz. Se a planta for fresca, macere até que saia bastante sumo. No caso da planta desidratada, macere até diminuí-la e torná-la quase pó.

Coloque o sumo ou o pó da artemísia dentro do frasco de vidro e complete-o com azeite.

Com o frasco aberto, acenda a vela branca. Passe próximo ao frasco a chama da vela e mentalize a energia de intuição desejada.

Depois, deixe a vela terminar de queimar ao lado do frasco.

Para usar esse óleo mágico antes de qualquer magia, basta passá-lo entre as mãos ou no centro da testa para estimular o terceiro olho.

✧ AMULETO DA INTUIÇÃO

Provavelmente já lhe ocorreu de estar em alguma situação desagradável e pensar: "Se eu soubesse nem teria saído de casa". Pois bem, essa magia servirá exatamente para ampliar sua intuição e fazer com que você sinta com mais intensidade quando algo estiver para acontecer e possa se prevenir.

Para esta magia serão usados os itens a seguir:

1 anel ou colar;
canela em pó;
1 vela roxa;
1 incenso de palo-santo;
1 pires.

Acenda a vela e peça ao universo que sua sensibilidade seja ampliada, que sua intuição fique mais forte e que você sempre saiba diferenciar o que é racional e o que é intuitivo.

Deixe a vela no suporte e acenda o incenso. Passe seu acessório pela fumaça mentalizando a limpeza de qualquer energia que você não deseja.

Em seguida coloque um punhado de canela sobre o pires e deixe o acessório sobre a canela.

Posicione suas mãos sobre o acessório e diga:

"Que este amuleto seja consagrado com meu poder e a energia da natureza. Que aflore a minha intuição e, onde houver dúvidas, que ele me traga a certeza".

Aguarde a vela terminar de queimar, jogue a canela em um vaso de plantas e use o acessório sempre que precisar. Você pode repetir essa limpeza e consagração de seu amuleto a cada lua cheia.

⋄ ATIVANDO O CHAKRA FRONTAL

Os chakras são pontos energéticos do corpo que distribuem a energia vital para a mente, o próprio corpo e o espírito, fortalecendo e equilibrando emoções, comportamentos, pensamentos e sensações.

O sexto chakra, conhecido como terceiro olho, é o responsável pela intuição e pela clarividência. Esse ponto energético fica localizado no centro da testa – por isso, quando em desequilíbrio, pode causar dores de cabeça, falta de concentração e problemas de sono.

Uma maneira simples de estimular o chakra frontal é através da luz. Você pode simplesmente aproveitar um momento em que está tomando sol no fim da tarde, se concentrar no centro da sua cabeça e visualizar a luz do sol purificando e energizando seu chakra, fazendo com que ele se mova lentamente e gire no sentido horário.

Além dessa meditação simples, você pode ativar o chakra frontal utilizando um cristal e a poção de intuição que você preparou. Pode usar pedras roladas de quartzo transparente ou ametista. Mas a pedra mais ligada ao chakra frontal é a sodalita, que estimula o raciocínio, a imaginação, a criatividade e a intuição.

Molhe a sodalita rolada na poção da intuição ou em outro óleo consagrado para essa finalidade. Passe-a no centro da testa, fazendo um pequeno círculo no sentido horário. Imagine como se o seu chakra estivesse com uma casca fina que vai se quebrando conforme você passa o cristal. Ao quebrar toda a casca, o chakra começa a girar no mesmo sentido que você estimula, e brilha emanando uma luz índigo.

Você pode praticar esta visualização antes da leitura de algum oráculo, antes de escrever ou fazer algo que precise de criatividade.

✧ POÇÃO PARA SONHAR COM O FUTURO

Esta poção é uma infusão de ervas que estimulam a clarividência e podem levar a sonhos nítidos sobre o futuro, os chamados "sonhos premonitórios".

Esta infusão não deve ser tomada com frequência, use-a somente quando estiver pensando muito em uma questão futura e deseje saber quais serão os resultados. Você pode, por exemplo, usar esta poção para saber se vai passar em uma prova ou se deve se aproximar de uma pessoa que acabou de conhecer. Tenha em mente o que deseja saber para descobrir as respostas. Entretanto pode acontecer de você ter visões de outras coisas que não são relacionadas a sua questão. Por isso, anote tudo o que sonhar, pode ser algo importante para você ou alguém que conheça.

Para preparar esta poção serão usados os itens a seguir:

½ *colher (chá) de artemísia;*
1 *colher (chá) de dente-de-leão;*
1 *colher (chá) de capim-limão.*

Em uma panela, coloque 250 ml de água para ferver. Ao levantar fervura, adicione as ervas secas. Desligue o fogo e tampe a panela. Aguarde 10 minutos e sirva em uma xícara.

Beba antes de dormir, mentalizando a questão que você deseja enxergar no futuro.

Durma com uma ametista embaixo do travesseiro para não ter pesadelos que possam atrapalhar a visão do que deseja. Bons sonhos!

✧ VISUALIZAÇÃO PARA ADQUIRIR CLARIVIDÊNCIA

Se você sente que não tem a clarividência tão aflorada e deseja ampliar a mediunidade para ter sonhos mais lúcidos, ler melhor um oráculo ou simplesmente sentir o que vai acontecer, saiba que com a prática da magia e com exercícios você consegue chegar a seu objetivo. Mas sempre tenha em mente que a clarividência vem com uma responsabilidade. Você poderá saber sobre a vida de outras pessoas e por consequência ter em suas mãos uma verdade que pode afetá-las ou não. Use seus conhecimentos com cautela, humildade e sabedoria.

Essa visualização será como uma história de um livro em que você imagina as cenas e os personagens. A diferença é que nesta história o personagem principal é você. Então se sente de maneira confortável, respire profundamente três vezes e relaxe o corpo.

Leia com atenção e visualize em sua mente cada cena.

Da última vez pensei que nunca mais sentiria o balanço deste barco. Mas aqui estou eu, com a pele quente ao sol e o som das ondas quase que em sinfonia nos meus ouvidos.

Um som oco e o barco encalha na areia, diante de uma ilha que parecia bem menor de longe. Na última vez também parecia que demorava demais para chegar. Provavelmente era a minha ansiedade por não saber o que me esperava.

Coloco os pés na areia molhada, e sinto como se alguém me chamasse. Não com um grito nem com um sussurro, mas aqui dentro. Na minha mente eu consigo ouvir, no meu coração eu sei a direção.

Começo a caminhar pela ilha, em direção a uma trilha que se inicia com duas palmeiras imensas, como se formassem um portal.

Lembro-me de um medo que eu senti bem aqui, quando as folhas escondem os raios do sol e a trilha se torna mais escura. Mas não há o que temer, não dessa vez principalmente, porque me sinto mais experiente do que da última vez.

Ando tranquilamente pelas folhas secas, ouvindo sons de animais que parecem vir me cumprimentar durante o caminho.

Diante de mim há uma trilha escura, que diz nitidamente para não temer as sombras, pois elas são a mesma coisa do que vejo na luz, porém são mais difíceis de decifrar. Por isso é preciso coragem para acessar as sombras. E aqui estou eu, com toda a coragem do meu ser.

Finalmente meus olhos conseguem encontrar as luzes das velas que ela deixa nas janelas. É uma senhora muito sábia, não apenas pelo que diz ou faz, mas principalmente pelo que sente. Ela sentiu que eu estava chegando e por isso já deixou as velas acesas.

Chego mais perto e bato três vezes na porta da cabana de madeira. É um lar tão simples para conter tanta energia, talvez seja este o segredo para sua proteção.

Ela abre a porta sorrindo.

— Estava à sua espera, entre — disse com um olhar brilhante e acolhedor.

Entro e me sento na poltrona índigo que parece me abraçar de tão confortável.

A senhora me pede um instante, fazendo gesto com as mãos, e vai em direção do fogão, buscar uma xícara de porcelana.

Ao se aproximar com a xícara, ela não parece estar com pressa, anda tranquilamente olhando para o líquido e dizendo palavras em voz baixa.

– Beba devagar – sussurra enquanto deixa a xícara em minhas mãos.

Tomo o líquido quente e levemente azedo, sabendo que devo deixar um pouco no final, pois este foi o seu pedido na minha última visita.

Ela se senta diante de mim e começa a misturar ingredientes em um caldeirão pequeno na mesa de centro. Assim que eu termino lhe entrego a xícara, e ela adiciona ao caldeirão o restante do conteúdo que deixei.

Mexendo os ingredientes, a senhora começa uma cantoria alegre, e sorrindo me diz que está pronto.

Então ela me entrega um pano de algodão com sementes, ainda molhadas com o conteúdo do caldeirão.

Mesmo já sabendo o que fazer, ela me dá as recomendações:
– Leve e plante no vaso mais bonito que encontrar. Regue com carinho e mantenha a terra bem nutrida. A clarividência que busca começa assim, bem pequena. Você cuida, ela

cresce, você a mantém saudável e ela estará lá, sempre. Mas se você se distrair e a ela não der atenção, ela se recolhe e volta para a natureza.

Desta vez quem sorri sou eu, um pouco sem graça de ter me distraído da última vez. Mas como ela mesma disse, sempre que eu precisar o barco estará lá para me trazer de volta.

Agradeço com um abraço e vou embora pelo caminho de folhas. Com as minhas sementes no bolso, sinto uma energia de recomeço. Agora será diferente.

Depois de ler e visualizar, você pode acender uma vela roxa e intensificar essa energia de clarividência que está recebendo do universo. Você pode treinar com oráculos, meditações e, é claro, deve estudar bastante sobre como controlar os dons psíquicos.

✧ EXERCITANDO A INTUIÇÃO E A CLARIVIDÊNCIA

Além das magias, você pode fazer pequenos exercícios para estimular a intuição e a clarividência. Dessa maneira você vai começar a entender como funciona seu tipo de sensibilidade energética e aprender a usá-la.

Em muitos livros você pode encontrar maneiras de intensificar seus sentidos, mas na prática você começa a perceber coisas que só você sentirá e conseguirá entender.

Uma bruxa pode sentir um arrepio no braço direito sempre que está em perigo, por exemplo. Outra bruxa pode sonhar com rosas sempre que um parente fará uma visita surpresa. Estes são exemplos do que pode acontecer com uma pessoa e não com outra, porque são sensações e percepções únicas de cada ser.

⟡ EXERCÍCIO COM AS CARTAS DO TARÔ

Este é um exercício de intuição simples que você pode fazer sempre que desejar.

Separe três cartas do tarô, memorize-as e as embaralhe.

Coloque-as viradas para baixo em uma mesa e tente descobrir quais cartas são.

Pense na primeira carta, quando tiver certeza de que é aquela que sua intuição sinalizou, vire a carta.

Depois faça o mesmo com a segunda e a terceira carta.

Com a prática você pode aumentar a quantidade de cartas, use cinco e depois dez cartas.

Este também é um exercício interessante para fazer com outras pessoas.

⟡ EXERCÍCIO COM O PÊNDULO

Antes de usar o pêndulo como oráculo, é importante que você se adapte aos movimentos desse instrumento.

O pêndulo é muito interessante porque seus movimentos obedecem às energias, te mostrando respostas, e obedecem também a sua mente, se assim você o fizer. Por isso é muito bom que você pratique o comando do pêndulo com a mente, para que saiba diferenciar quando você está no direcionando e quando o pêndulo está lhe mostrando as energias voluntariamente.

Para isso, você pode usar um pêndulo de cristal, madeira ou metal. Mas se não tiver, use um colar com pingente.

Segure o cordão do pêndulo um pouco acima da metade, posicione a outra mão abaixo do pêndulo e mantenha-o centralizado.

Comece então a dar comandos a ele. Imagine-o se movendo lentamente para a frente e para trás. Mantenha a mão sempre estável, para que não influencie o movimento do pêndulo.

Aos poucos ele vai começar a se movimentar na direção que você comanda. Continue e faça com que ele se movimente com mais força. Depois troque o movimento e imagine o pêndulo se movendo de um lado a outro. Devagar ele começará a mudar e logo fará o movimento que você imaginou.

Com o tempo e a prática deste exercício, você vai conseguir utilizar o pêndulo com mais facilidade e aprender a distinguir os movimentos causados por energias ou pela sua mente.

✧ EXERCÍCIO DAS CORES

Adivinhar as cores também pode ser um ótimo exercício de intuição. E você pode fazer sempre que encontrar objetos coloridos, como lápis de cor ou uma piscina de bolinhas.

Apesar de ser divertido e poder virar até uma boa brincadeira entre amigos, você pode fazer este exercício de forma mais intensa se estiver em um lugar tranquilo, com tempo para mentalizar.

Você também pode utilizar balas coloridas em um saquinho. Feche os olhos, coloque a mão no saquinho e retire uma bala. Sem abrir os olhos, concentre-se em descobrir qual é a cor dessa bala. Você pode imaginar várias cores e ir passando de uma para outra até ter a certeza de qual é. Abra os olhos e descubra se acertou a cor.

No início pode ser difícil, mas com o tempo você vai perceber as cores com mais facilidade. Ainda, é possível fazer o exercício com outros objetos.

OUTRAS MAGIAS

◇ **FEITIÇO DA SORTE**

Muitos consideram a sexta-feira 13 como um dia de má sorte. Entretanto, como toda bruxa, sabemos que o pensamento positivo pode mudar uma situação e buscamos fazer deste um dia de muita sorte.

Para este feitiço serão usados os itens a seguir:

1 vela verde;

1 pé de trevo-de-quatro-folhas (em um vaso ou no jardim);

papel e lápis.

No papel, escreva um pedido de que precise de sorte para realizar.

Com o lápis, escreva a palavra sorte na vela na direção do pavio para a base.

Depois, acenda a vela e pingue a cera sobre o pedido, enquanto diz o encantamento três vezes:

"Que neste dia o meu pedido seja forte para se realizar
Que a partir deste dia a sorte passe a me acompanhar!".

Então, deixe a vela próxima ao papel até que ela termine de queimar.

Dobre o papel três vezes e enterre perto ou sob o pé de trevos, para que a energia dele traga mais sorte para o pedido.

Se não houver um pé de trevos, queime o papel no caldeirão, enquanto mentaliza o pedido sendo realizado.

⋄ **MEDITAÇÃO COM TARÔ**

Cada arcano do tarô possui uma energia que, por meio de meditação e visualização, pode atrair a energia dos arcanos para si mesmo.

Essa magia pode ser feita com qualquer carta, mas é importante saber muito bem o significado dela e mentalizar as energias positivas vindas da carta.

A carta do Sol pode trazer mais sucesso, a carta da Sacerdotisa, aumentar a sua intuição, a carta da Força, atrair a energia da coragem.

Para isso, basta você se sentar confortavelmente, colocar a carta entre as suas mãos, fechar os olhos e manter a sua concentração na energia da carta. Atraia para si somente as energias positivas, mantenha o foco na energia que você mais deseja e, a cada respiração profunda, puxe essa energia para dentro de você.

⋄ **SOLTANDO OS PROBLEMAS COM O VENTO**

Muitas vezes, a preocupação com os problemas nos consome muita energia. Alguns deles são gerados por nós mesmos e outros problemas, por vezes, nem mesmo são nossos. Toda essa carga pode nos prejudicar tanto que acaba causando dores físicas.

A magia a seguir vai eliminar todo o peso de problemas, ou pelo menos boa parte dele.

Em algum lugar com bastante vento, como no alto de uma montanha ou mesmo em um campo com ventos fortes, fique de frente para o vento (o sentido do vento deve tocar o rosto e não a nuca), feche as mãos como se segurasse uma bola entre elas. Concentre-se e mentalize a transferência de todos os problemas para a bola imaginária nas mãos. Envie para ela as energias ruins, os traumas, as angústias, as palavras ofensivas, os obstáculos que impedem o crescimento e tudo o que deseja mandar embora.

Quando tudo tiver sido descarregado dentro da bola, é o momento de respirar profundamente e jogá-la para o ar com bastante força.

Deixe que o vento leve todos os problemas para poder se sentir mais leve.

✧ **RESPOSTAS PELOS SONHOS**

Ao dormir, é possível acessar informações presentes no inconsciente. Muitas vezes, esses dados trazem respostas às questões que preocupam a cabeça há muito tempo, mas que, quando se está acordado, o racional não permite que seja acessado.

Portanto, uma dica é que antes de ir deitar para dormir, deve-se tomar um chá de capim-limão.

Ao deitar na cama, é importante buscar a reflexão sobre as questões as quais deseja obter respostas. Então, procure resumir a pergunta até que ela se transforme em uma única frase.

A frase deve ser repetida mentalmente até começar a dormir.

Ao acordar, se houver lembrança do sonho, anote-o rapidamente antes de se esquecer.

Depois, avalie cada detalhe do sonho, sejam símbolos, ações, lugares e transforme-os em respostas.

Repita o feitiço até conseguir as respostas que procura.

⋄ MAGIA PARA ENCERRAR UM CICLO

Em vários momentos da vida nós encerramos ciclos, como mudar de emprego, terminar um relacionamento, mudar-se para outra cidade. Tudo isso faz parte de um ciclo que chegou ao final. Muitas vezes saímos deste ciclo com gratidão, mas também pode acontecer de guardarmos mágoas e sentimentos que não são bons, causando um grande vazio, o que faz o ciclo nunca ser encerrado dentro de nós.

Esta magia simples pode ajudar você a sentir gratidão por tudo de bom que viveu durante aquele período que se encerrou e a finalizar de uma vez essa etapa para poder se abrir ao novo.

Para este feitiço serão usados os itens a seguir:

1 vela-palito azul clara;
1 incenso de sua preferência;
1 prato;
1 palito ou alfinete para escrever na vela.

O melhor período para fazer esta magia é durante a lua minguante, de preferência nos últimos dias; o que não impede que seja feita quando sentir em seu coração que é a hora certa.

Em um momento tranquilo do dia, escreva com o palito no corpo da vela palavras que façam você se lembrar de bons momentos naquele ciclo. Pense naquilo que realmente traga gratidão e a sensação de que tudo aconteceu como tinha que ser.

Acenda a vela e a coloque no centro do prato – você pode pingar um pouco de cera no prato para que ela fique firme.

Acenda o incenso e espalhe a fumaça a seu redor. Procure se sentir confortável ao fazer esta magia, para saber que aceitar o fim não precisa ser doloroso e lhe permitirá seguir para uma nova fase da vida.

Deixe o incenso queimar lentamente e coloque suas cinzas ao redor da vela, formando um círculo. Conforme forma esse círculo, mentalize:

"Eu agradeço por este ciclo e aceito seu fim. Agora o destino reserva o melhor para mim".

Deixe a vela terminar de queimar, e ao final abra uma janela e assopre as cinzas do incenso para fora. Deixe que vá embora a energia do ciclo que se encerrou e com você só fiquem as lembranças boas e a gratidão.

✧ POÇÃO DE MORANGO PARA CORAÇÃO PARTIDO

Se você estiver passando por uma situação difícil – como uma traição, o luto ou uma desilusão –, você sente como se seu coração estivesse partido, e precisa de algo para se sentir bem novamente.

Esta poção é um chá encantado de morango. Essa fruta, por ter a energia do amor e da felicidade, trará toda a força necessária para você se reconstruir por dentro.

Para este chá serão usados os itens a seguir:

200 ml de água;

1 morango maduro;

1 colher (café) de alfazema;

1 colher (chá) de mel ou açúcar.

Coloque a água para ferver em uma panela e adicione o morango fatiado. Fatie-o de modo que os pedaços da fruta caiam sobre a água fervente, enquanto mentaliza o que fez seu coração se partir – como se o morango representasse seu coração em pedaços. Deixe ferver por 5 minutos, desligue o fogo e adicione o mel enquanto mentaliza:

"Eu reconstituo meu coração para que possa ter bons sentimentos novamente".

E adicione a alfazema para trazer, além da energia do amor, a energia da cura. E mentalize:

"Com estas energias eu curo o meu coração da dor que um dia senti".

Tampe a panela e espere esfriar por 10 minutos.

Em seguida coe e beba o líquido mentalizando seu coração se curando.

Você pode fazer este chá sempre que precisar, ou pode fazer para outra pessoa se ela desejar.

TABELAS DE CONSULTA

✧ CORES DAS VELAS

A cor de cada vela tem uma finalidade energética específica, pois cada cor ativa um poder diferente para necessidades diversas.

VERMELHA: trabalha as emoções como paixão e coragem, ações rápidas. Ela afasta a inveja, a preguiça e o medo. Também podemos usá-la para nos proteger de feitiços e evitar ou nos recuperar de cirurgias.

LARANJA: a cor laranja está associada ao Sol, e por isso atrai sucesso, fama, popularidade, sorte, prosperidade, alegria e criatividade. Ela pode ser usada para reforçar nossa energia vital, equilibrar a mente, para afastar o azar e tirar as pessoas do comodismo.

AMARELA: atrai dinheiro, sorte, alegria e estabilidade. Ela afasta a negatividade e pode ser usada para persuasão. A vela amarela também ajuda nos estudos e nos traz criatividade e inteligência.

AZUL-ESCURA: abre os caminhos do trabalho, atrai estabilidade no emprego. Ela é usada para o sucesso profissional e para aumentar as boas oportunidades. A vela azul-escura deve ser usada com cuidado, pois é usada para expandir as coisas tanto boas quanto ruins.

AZUL-CLARA: trabalha a harmonia familiar e deixa as pessoas mais tranquilas. Também é usada para feitiços de paz, conhecimento, lealdade, verdade, paciência, alegria e proteção.

ROSA: usada para atrair o amor verdadeiro e a felicidade conjugal. Ela pode ser usada para equilibrar o relacionamento com familiares e amigos, pois acalma e harmoniza as pessoas. Também é usada para feitiços de beleza.

ROXA: usada para o desenvolvimento e o equilíbrio espiritual, a cura de enfermidades graves, a adivinhação, a proteção e o afastamento do mal. Também pode ser usada para o crescimento de comércios e empresas e auxílio nos estudos superiores.

VERDE: trabalha o material, portanto pode ser usada para a prosperidade, a fartura, o emprego, a conquista de bens e a sorte. Também é usada para o nosso corpo, para atrair a cura, o equilíbrio e a saúde. Além disso, ela atrai estabilidade, solidez, responsabilidade e sabedoria.

MARROM: por ser a cor do elemento terra, traz estabilidade e conquista de bens materiais. Ela é usada para pedidos de justiça, verdade e poder de decisão.

PRETA: pode ser usada em feitiços de banimento e limpeza energética. Normalmente, ela é usada também para magias de proteção, porque é uma cor que isola as energias.

BRANCA: por essa cor ser a mistura de todas as cores, pode ser usada em qualquer situação. Geralmente, é usada para atrair intuição, paz, harmonia, otimismo, e para canalizar energias.

O USO MÁGICO DAS ERVAS, FRUTAS E PLANTAS

As plantas podem ser usadas para potencializar nossas magias em feitiços, rituais, poções, amuletos, ou trazer a energia diretamente para o nosso corpo em forma de chá.

Todas as plantas citadas aqui são usadas para magia, porém algumas são tóxicas e não devem ser consumidas como chás, banhos ou poções, nem ser ingeridas em qualquer hipótese.

ABACATE *(Persea americana)*: beleza, rejuvenescimento, amor.

ABACAXI *(Ananas comosus)*: sorte, prosperidade, cura, saúde, felicidade.

ABÓBORA *(Cucurbita)*: afastar a má sorte e trazer prosperidade.

AÇAFRÃO *(Curcuma longa)*: prosperidade, cura, saúde, purificação.

ALCACHOFRA *(Cynara scolymus)*: beleza, juventude, sedução.

ALECRIM *(Rosmarinus officinalis)*: alegria, sorte, prosperidade, harmonia, purificação, proteção, amor.

ALFAZEMA *(Lavandula angustifolia)*: purificação, tranquilidade, cura.

ALHO *(Allium sativum)*: proteção, purificação, saúde.

AMÊNDOA *(Prunus dulcis)*: inteligência.

AMORA *(Morus)*: proteção, dinheiro, saúde.

ANGÉLICA *(Angelica archangelica)*: amor, proteção.

ANIS-ESTRELADO *(Illicium verum)*: amizade, paz, sucesso, espiritualidade, abrir caminhos.

ARROZ *(Oryza sativa)*: fertilidade, prosperidade, sorte.

ARRUDA *(Ruta graveolens)*: proteção, purificação, cura.

ARTEMÍSIA *(Artemisia absinthium)*: intuição, clarividência, proteção, purificação.

AZEDINHA *(Oxalis acetosella)*: sorte, alegria, cura.

BABOSA *(Aloe arborescens)*: amor, saúde, proteção, sorte.

BAMBU *(Bambusa vulgaris)*: purificação, proteção, realização de desejos.

BENJOIM *(Styrax benzoin)*: purificação.

BETERRABA *(Beta vulgaris)*: amor.

BOLDO *(Peumus boldus)*: purificação, tranquilidade, intuição.

CAFÉ *(Coffea)*: proteção, purificação, saúde, amor, motivação.

CALÊNDULA *(Calendula officinalis)*: prosperidade, proteção, amor.

CAMOMILA *(Matricaria chamomilla)*: tranquilidade, relaxamento, purificação, prosperidade, amor.

CANELA *(Cinnamomum verum)*: prosperidade, sorte, sucesso, cura, amor, clarividência.

CAPIM-LIMÃO *(Cymbopogon citratus)*: clarividência, força psíquica, harmonia.
CEBOLA *(Allium cepa)*: purificação, proteção, cura, saúde, dinheiro.
CEDRO *(Cedrela fissilis)*: prosperidade, longevidade.
CIPRESTE *(Cupressus sempervirens)*: proteção, consagrar instrumentros mágicos.
COENTRO *(Coriandrum sativum)*: amor, proteção, paz.
CRAVO-DA-ÍNDIA *(Syzygium aromaticum)*: prosperidade, amor, proteção.
DENTE-DE-LEÃO *(Taraxacum officinale)*: clarividência, realização de desejos.
DINHEIRO-EM-PENCA *(Pilea nummulariifolia)*: riqueza, dinheiro.

ERVA-CIDREIRA *(Melissa officinalis)*: prosperidade, sucesso, proteção, força, clarividência, saúde, amor.
ERVA-DOCE *(Pimpinella anisum)*: proteção, tranquilidade.
ESPADA-DE-SÃO-JORGE *(Sansevieria trifasciata)*: proteção, purificação.
EUCALIPTO *(Eucalyptus globulus labill)*: cura, saúde.
FEIJÃO *(Phaseolus vulgaris)*: prosperidade, dinheiro, proteção.
GENGIBRE *(Zingiber officinale)*: prosperidade, proteção, amor, sucesso, dinheiro.
GIRASSOL *(Helianthus annuus)*: prosperidade, sucesso, sorte, realização de desejos, fertilidade.

GUINÉ *(Petiveria alliacea)*: purificação, proteção.
HIBISCO *(Hibiscus sabdariffa)*: amor, sedução, beleza.
HORTELÃ *(Mentha spicata)*: cura, saúde, purificação, amor, beleza.
JASMIM *(Jasminum officinale)*: amor, amizade, paz.
LARANJA *(Citrus sinensis)*: amor, fertilidade, sorte, prosperidade, saúde.
LIMÃO *(Citrus limon)*: amizade, felicidade, purificação.
LOURO *(Laurus nobilis)*: purificação, proteção, sucesso, prosperidade, força.
MAÇÃ *(Pyrus malus)*: amor, prosperidade, saúde.
MANDRÁGORA *(Mandragora officinarum)*: proteção, purificação, coragem.
MANJERICÃO *(Ocimum basilicum)*: purificação, proteção, amor.
MANJERONA *(Origanum majorana)*: proteção, amor.
MARACUJÁ *(Passiflora edulis)*: amizade, saúde, tranquilidade.
MARGARIDA *(Leucanthemum vulgare)*: felicidade.
MIRRA *(Commiphora myrrha)*: cura, purificação, proteção.
MORANGO *(Fragaria ananassa)*: amor, sedução.
NOZ *(Juglans regia)*: fertilidade.
NOZ-MOSCADA *(Myristica fragrans)*: clarividência, fertilidade.
OLIVEIRA *(Olea europaea)*: purificação, proteção, prosperidade, paz, saúde.

ORÉGANO *(Origanum vulgare)*: felicidade, proteção, paz, tranquilidade.
PALO-SANTO *(Bursera graveolens)*: proteção, purificação.
PATCHOULI *(Pogostemon cablin)*: amor, clarividência.
PIMENTA *(Capsicum)*: proteção, ânimo, vitalidade.
ROMÃ *(Punica granatum)*: amor, união, sorte, fertilidade.
ROSA *(Rosa grandiflora)*: amor, beleza, cura.
ROSA-BRANCA *(Rosa alba)*: paz, purificação, espiritualidade.
SALSA *(Petroselinum crispum)*: prosperidade, proteção, purificação.
SÁLVIA *(Salvia officinalis)*: cura, saúde, prosperidade, purificação.

SAMAMBAIA *(Nephrolepis exaltata)*: proteção.
SÂNDALO *(Santalum album)*: purificação, proteção, cura.
TOSTÃO *(Callisia repens)*: riqueza, dinheiro.
TREVO-DE-QUATRO-FOLHAS *(Marsilea quadrifolia)*: sorte, alegria, juventude, cura.
TRIGO *(Triticum)*: prosperidade, dinheiro, fertilidade.
URTIGA *(Urtica dioica)*: proteção, coragem, saúde.
UVA *(Vitis vinifera)*: alegria, saúde, prosperidade, dinheiro.
VERBENA *(Verbena officinalis)*: proteção, purificação, prosperidade, amor.
VIOLETA *(Saintpaulia ionantha)*: amor, cura, espiritualidade.

CRISTAIS

✧ LIMPEZA DOS CRISTAIS

Antes de trabalhar com alguns cristais, é preciso verificar se o cristal é do tipo que necessita ser purificado. Há alguns deles que nunca precisam ser purificados, pois purificam a si mesmos, e outros que não podem ser purificados de maneira convencional.

O citrino e a cianita purificam a si mesmos. Já o quartzo transparente, a selenita e a cornalina limpam outros cristais que não podem ser colocados na água por serem delicados e quebradiços.

Então, para o processo de purificação, guarde uma cornalina, ou uma selenita, ou um quartzo transparente na mesma bolsa em que estão as pedras delicadas e quebradiças.

Para purificar cristais que não são quebradiços, como os rolados, deve-se colocá-los na água corrente, e mentalizar a negatividade sendo levada pela água. Também é possível purificar um cristal ao assoprá-lo, mentalizando uma luz branca ou violeta, e ao defumá-lo com incenso ou ao inseri-lo em um geodo ou sobre uma drusa.

No entanto, a melhor maneira de fazer a limpeza de um cristal é com água do mar, imersa em um pote de vidro por pelo menos doze horas, ou com a água da chuva, expondo-os ao banho de chuva forte.

✧ ENERGIZANDO OS CRISTAIS

Depois dos cristais serem purificados, eles podem ser energizados na luz do sol ou da lua. Verifique, com antecedência, se o cristal a ser energizado não desbota ou pega fogo ao ser exposto aos raios solares.

Sabendo das peculiaridades de cada cristal, prossiga com a energização, colocando-os sob a luz solar no mínimo duas horas, sempre antes do meio-dia. Se preferir, deixe sob a luz da lua durante a noite.

✧ PROGRAMANDO OS CRISTAIS

Cada pedra possui um poder para uma finalidade diferente. No entanto, nós podemos direcionar esse poder para coisas ainda mais específicas. Podemos, por exemplo, programar uma pedra obsidiana para nos proteger de forças espirituais e usá-la em um colar. Ou então podemos programar uma drusa de ametista para transmutar a energia de um ambiente.

Para programar um cristal, primeiramente é necessário entrar em estado de meditação e concentração no objetivo. Deve-se segurar a pedra entre as mãos e mentalizar a energia que é desejada a ela.

A programação do cristal tem duração a depender da finalidade dada a ele.

Se um cristal é deixado em um ambiente da casa em que há grande circulação de pessoas, com diversas personalidades, haverá muitas energias sendo descarregadas nesse ambiente. Portanto, eventualmente, será preciso limpar, energizar e programar novamente sua pedra.

▷ **CRISTAIS PARA CADA FINALIDADE**

ABUNDÂNCIA: ágata dendrítica, citrino, diamante, olho de falcão, topázio amarelo, turmalina verde.

ALEGRIA: calcedônia, crisocola, citrino, esmeralda, olho de gato, topázio, turmalina verde.

AMOR: ágata rosa, ametista, berilo, granada, larimar, magnesita, quartzo-róseo, rodonita, topázio, turmalina rosa, turquesa.

CLARIVIDÊNCIA: água-marinha, opala, pedra da lua, olho de falcão.

COMUNICAÇÃO: calcita azul, lápis-lazúli, opala, quartzo-enfumaçado.

CONCENTRAÇÃO: ágata, aragonita, cornalina, citrino, fluorita, hematita, lepidolita, pirita, quartzo transparente, quartzo-enfumaçado, rubi, safira.

CORAGEM: água-marinha, berilo, pedra-de-sangue, cornalina, jaspe, rubi.

CRIATIVIDADE: pirita, olho de tigre, apatita, cornalina, crisoprásio, diamante, lápis-lazúli, larimar, opala.

CURA: crisoberilo, larimar, pedra do sol, quartzo verde.

CURA DE VÍCIOS: ágata de fogo, ametista, hematita.

ELIMINAR MEDOS: ágata musgo, amazonita, apofilita, calcita rosa, magnetita, ônix, quarto-azul, quartzo-enfumaçado, turmalina verde.

EQUILÍBRIO EMOCIONAL: ametista, apatita, crisocola, citrino, azeviche, rodonita, serpentina, sodalita.

ESTUDOS: apatita, calcita, calcedônia, fluorita, howlita, pirita, lepidolita, safira.

FERTILIDADE: cornalina, crisoprásio, jade, quartzo-róseo.

FORÇA DE VONTADE: calcita vermelha e dourada, hematita.

INTUIÇÃO: ametista, água-marinha, fluorita, malaquita, olho de gato, pedra da lua, pedra do sol, turquesa.

LIMPAR O AMBIENTE: âmbar, enxofre, selenita, turmalina negra.

OTIMISMO: ágata musgo, âmbar, berilo, calcedônia azul, citrino, pedra do sol, topázio dourado.

PACIÊNCIA: âmbar, esmeralda, howlita, turmalina verde.

PAZ: âmbar, hematita, lápis-lazúli, larimar, magnesita, quartzo-róseo, safira, selenita.

PROTEÇÃO: ágata de fogo, âmbar, ametista, angelita, azeviche, cianita negra, cornalina, fluorita, pedra-de-sangue, pirita, jade, jaspe, pedra da lua, malaquita, obsidiana, olho de gato, olho de tigre, quartzo-enfumaçado, turmalina negra, turquesa.

PURIFICAÇÃO: âmbar, ametista, calcita, cianita, granada, obsidiana floco de neve, peridoto, selenita, topázio incolor, turquesa.

RIQUEZA: ágata-musgo, aventurina, citrino, rubi, safira amarela, turmalina amarela.

SORTE: jade, olho de gato, pedra do sol, topázio.

SUCESSO: berilo dourado, citrino, pirita.

TRANQUILIDADE: ágata rendada azul, ágata de fogo, ametista, água-marinha, aventurina, crisocola, citrino, howlita, jaspe, cianita azul, larimar, obsidiana floco de neve, safira, selenita, olho de tigre azul.

TRANSMUTAR ENERGIAS: âmbar, ametista, calcita, safira negra.

INCENSOS PARA CADA FINALIDADE

Muitos incensos comercializados, hoje em dia, apresentam uma variedade de aromas. Porém, há alguns que não são feitos com substâncias naturais e podem prejudicar a saúde. Por essa razão, é importante procurar sempre por incensos naturais de marcas cuja embalagem contenha a indicação explícita dos ingredientes utilizados na fabricação do incenso. Assim, pode-se evitar problemas de saúde decorrentes desse uso.

Na lista a seguir estão alguns dos incensos fáceis de encontrar e que podem ser feitos de maneira totalmente natural.

ALECRIM: sucesso, felicidade, tranquilidade, purificação e cura.
ALFAZEMA: purificação, tranquilidade e amor.
ARRUDA: purificação, proteção, tranquilidade e cura.
BENJOIM: proteção, prosperidade e purificação.
BREU BRANCO: espiritualidade, purificação e cura.
CAMOMILA: tranquilidade, prosperidade, purificação e amor.
CANELA: prosperidade, sucesso, sorte, amor, cura e clarividência.
CEDRO: prosperidade e purificação.
CITRONELA: tranquilidade e purificação.

JASMIM: amor, amizade, paz e ânimo.

MIRRA: espiritualidade, purificação, proteção e cura.

OLÍBANO: sucesso e prosperidade.

PALO-SANTO: purificação e proteção.

PATCHOULI: proteção, amor e clarividência.

SÁLVIA BRANCA: purificação, cura e prosperidade.

SÂNDALO: harmonia, purificação, proteção e cura.

CARACTERÍSTICAS DOS SIGNOS

Cada signo possui uma energia, e é possível destinar essas energias a feitiços e rituais, extraindo as características positivas mais marcantes de cada signo.

Por exemplo, para fazer uma magia que traga mais determinação e coragem diante de alguma situação, deve-se fazer o feitiço enquanto o Sol ou a Lua estiverem posicionados no signo de Áries.

Se a intenção é ser mais comunicativo e sociável, o feitiço deve ser feito enquanto o Sol ou a Lua estiverem no signo de Gêmeos, e assim por diante.

♈ ÁRIES
Ação
Autoconfiança
Coragem
Determinação
Dinamismo
Espontaneidade
Iniciativa
Liderança
Sinceridade
Vitalidade

♉ TOURO
Amor prazeroso
Busca pelo prazer
Conforto
Elegância
Estabilidade
Persistência
Preservação
Praticidade
Produtividade
Valorização pessoal

♊ GÊMEOS
Adaptabilidade
Comunicação
Criatividade
Dualidade
Fraternidade
Juventude
Movimento
Ousadia
Sociabilidade
Versatilidade

♋ CÂNCER
Acolhimento
Amor
Cuidado
Emoção
Família
Instinto maternal
Intuição
Patriotismo
Proteção
Sensibilidade

♌ LEÃO
Alegria
Autoestima
Autoridade
Comunicação
Confiança
Generosidade
Justiça
Lealdade
Paixão
Simpatia

♎ LIBRA
Companheirismo
Diplomacia
Elegância
Família
Gentileza
Harmonia
Justiça
Respeito
Sociabilidade
Tranquilidade

♍ VIRGEM

Ambição
Amor maduro
Detalhismo
Idealismo
Inteligência
Organização
Persistência
Perspicácia
Responsabilidade
Senso prático

♏ ESCORPIÃO

Amor e paixão
Generosidade
Intensidade
Liderança
Magnetismo
Misticismo
Poder
Renovação
Sensualidade
Vitalidade

♐ SAGITÁRIO

Amizade
Bom humor
Entusiasmo
Idealismo
Jovialidade
Liberdade
Motivação
Otimismo
Religiosidade
Sabedoria

♑ CAPRICÓRNIO

Ambição
Autodomínio
Determinação
Elegância
Honestidade
Lealdade
Maturidade
Profissionalismo
Responsabilidade
Vitalidade

♒ AQUÁRIO

Amizade
Criatividade
Determinação
Idealismo
Independência
Inteligência
Intuição
Liberdade
Solidariedade
Vitalidade

♓ PEIXES

Altruísmo
Amor romântico
Compaixão
Compreensão
Devoção
Empatia
Espiritualidade
Humildade
Intuição
Sensibilidade

A ENERGIA DOS PLANETAS

A energia dos planetas pode ser aproveitada em magias relacionadas ao planeta do qual se quer extrair a energia, assim como as meditações durante o horário correspondente ao planeta, ou as cores para atrair a energia de um determinado planeta.

☉ SOL

DIA DA SEMANA: domingo.
COR: amarelo, laranja e dourado.
ENERGIAS: masculino, positividade, vitalidade, autoconfiança, autoridade, inteligência, bondade, sinceridade, justiça.
PERÍODO BOM PARA: saúde, prosperidade, emprego, proteção, magias para obter sucesso e força de vontade.

☾ LUA

DIA DA SEMANA: segunda-feira.
COR: branco, prateado e perolado.
ENERGIAS: feminino, intuição, sensibilidade, misticismo, tranquilidade, individualidade, fertilidade, maternidade, romance.
PERÍODO BOM PARA: meditação, limpezas energéticas, magias para aumentar a intuição, a clarividência e a espiritualidade, pedidos de fertilidade e harmonia familiar.

♂ MARTE

DIA DA SEMANA: terça-feira.

COR: vermelho, laranja e púrpura.

ENERGIAS: vitalidade, ação, iniciativa, audácia, coragem, domínio, amor-próprio, sexualidade.

PERÍODO BOM PARA: feitiços de proteção e banimento, feitiços para aumentar a paixão, magias para aumentar a coragem e confiança.

☿ MERCÚRIO

DIA DA SEMANA: quarta-feira.

COR: cinza, azul-marinho e cores misturadas.

ENERGIAS: inteligência, expressão, comunicação, percepção, curiosidade, reflexão, emoção.

PERÍODO BOM PARA: estudo, escrita, meditação, feitiços para perder o medo de falar em público e magias para adquirir conhecimento.

♃ JÚPITER

DIA DA SEMANA: quinta-feira.

COR: verde, azul e violeta.

ENERGIAS: masculino, sabedoria, poder, ordem, serenidade, positividade, expansão, prosperidade, otimismo.

PERÍODO BOM PARA: atrair a prosperidade e a positividade, magias para o que se quer expandir, como proteção e saúde, feitiços para trazer alegria ao lar.

♀ VÊNUS

DIA DA SEMANA: sexta-feira.
COR: azul, rosa e branco.
ENERGIAS: feminino, amor, paixão, sensualidade, emoção, sensibilidade, beleza, bondade.
PERÍODO BOM PARA: confeccionar instrumentos mágicos e amuletos para atrair a harmonia para o lar, magias para o amor, feitiços de beleza e autoestima.

♄ SATURNO

DIA DA SEMANA: sábado.
COR: preto, marrom e cinza.
ENERGIAS: masculino, reflexão, justiça, ordem, responsabilidade, estabilidade, honra, ambição, determinação, compreensão, superação.
PERÍODO BOM PARA: meditação, estudos profundos, feitiços de proteção e banimento, pedidos de justiça e mudanças.

SIGNIFICADO DOS SÍMBOLOS

Os símbolos são representações de energias. Alguns têm a energia de proteção, outros de prosperidade, ou de sorte, de felicidade, de amor etc.

Esses símbolos são usados não só na bruxaria mas também em muitas outras filosofias, culturas e religiões.

Ao tomar consciência de que todos os símbolos possuem energias, é possível usá-los para potencializar um feitiço ou um ritual, ou, ainda, fazer amuletos.

Muitas vezes, algumas pessoas gostam de tatuar símbolos mágicos para atrair a energia correspondente. Porém, é preciso muita cautela acerca dos significados de determinado símbolo antes de colocá-lo na pele permanentemente.

Agora, conheça os significados de cada um dos símbolos, de maneira bem resumida, somente para a prática da magia.

⋄ **PENTAGRAMA**

O pentagrama, também conhecido como estrela de cinco pontas, quando envolto por um círculo, é chamado de pantáculo.

Na bruxaria trata-se da representação dos quatro elementos **(água, ar, fogo e terra)** junto do elemento éter – representado pela ponta superior da estrela ao observar o símbolo na posição das duas pontas na base.

Durante a Idade Média, esse símbolo foi muito usado como amuleto de proteção.

Na bruxaria não é diferente. Além da proteção, também traz equilíbrio entre os elementos e identifica os praticantes de magia.

Outro significado atribuído ao símbolo está na junção das pontas dessa estrela que formam os números 3, princípio masculino, e 2, princípio feminino.

✧ HEXAGRAMA

Este símbolo é bastante conhecido por Estrela de Davi, frequentemente usado pelos cristãos por estar associado a Jesus Cristo e aos judeus – povo da tribo de Judá. O símbolo também é utilizado na magia por se tratar da representação de duas forças unidas.

A estrela formada por dois triângulos entrelaçados pode simbolizar o feminino e o masculino, o claro e o escuro, o bem e o mal, o céu e a terra. Sendo assim, muitas pessoas utilizam o hexagrama como um símbolo de proteção e de equilíbrio de energias.

◇ HEPTAGRAMA

Este símbolo é muito utilizado na magia por ser uma estrela formada por sete pontas. O 7 é um número místico, que tem a energia da interiorização e da espiritualidade, portanto, pode ser um meio de ligação com o espiritual.

Além disso, ele também representa os assuntos ligados ao número 7, como os dias da semana, as cores do arco-íris, as notas musicais, os sete principais planetas e os sete pecados capitais.

◇ TRÍSCELE

O símbolo também é chamado de espiral tripla e representa a triplicidade de energias. A palavra tríscele é de origem grega.

Esse símbolo está associado às três fases da lua, já que a lua nova não pode ser vista no céu.

O número 3 era considerado sagrado pelos povos celtas, que acreditavam que a espiral tripla representava três mundos: submundo, mundo intermediário e mundo superior.

O símbolo da tríscele também está associado ao desenvolvimento humano e à expansão da consciência física e espiritual.

Quando ele aparece no sentido horário representa a expansão e crescimento, e no sentido anti-horário representa proteção e recolhimento.

✧ TRIQUETRA

Assim como o tríscele, a triquetra também simboliza a triplicidade, e representa as estações do ano, visto que a divisão das estações se dava apenas na primavera, inverno e verão. O círculo representa a perfeição e precisão.

A triquetra era usada como símbolo de proteção pela civilização celta.

No cristianismo, ele passou a representar a Santíssima Trindade – pai, filho e espírito santo.

✧ LUA TRIPLA

O símbolo da lua tripla, que pode ser chamado de Triluna, representa as três fases da lua – minguante, cheia e crescente. Inclusive, as fases da lua podem ser representadas pela deusa Tríplice: donzela, mãe e anciã – que são as três fases da vida de uma mulher.

Normalmente, o símbolo é encontrado ao lado de uma outra imagem em que aparecem a lua minguante sobre a lua cheia, representando o deus Cernunnos e a energia masculina de força e vitalidade.

Os dois símbolos juntos significam o equilíbrio de energias feminina e masculina, e podem ser usados no altar para esta finalidade.

◆ **OM**

Este símbolo é sagrado para o hinduísmo, e, por vezes, muito utilizado pelos esotéricos.

Ele representa o som do universo que nos ajuda a elevar a espiritualidade, pois estimula a nossa glândula pineal, responsável pela nossa intuição, telepatia e clarividência.

Os cinco elementos do universo (fogo, terra, ar, água e éter) também compõem esse símbolo, o qual é sinônimo de espiritualidade, e pode ser usado para proteção.

◆ **CRUZ ANSATA**

Este símbolo egípcio representa a ressurreição, e é conhecido como chave da vida pois era usado para direcionar a vida após a morte.

Outro significado para o símbolo é a representação da união entre duas polaridades, como o masculino e o feminino, ou o céu e a terra.

Assim, a cruz ansata é usada como símbolo de proteção, fertilidade, saúde e imortalidade.

✧ **OLHO DE HÓRUS**

Trata-se de um símbolo egípcio que representa proteção, poder e clarividência, e pode ser empregado como um amuleto de proteção energética e espiritual.

Há duas possibilidades para o uso desse símbolo: quando a posicionamento se refere ao olho esquerdo, ele representa o Sol, quando se refere ao direito, representa a Lua.

✧ **YIN YANG**

A palavra Yin significa escuridão e Yang, claridade. O símbolo, que pode ser chamado de Tao, representa o princípio de todas as coisas do universo, com base nas energias opostas negativo e positivo.

Na filosofia chinesa, acredita-se que, quando essas duas forças alcançam o seu ápice, criam dentro de si a energia oposta.

O símbolo também é muito utilizado no feng shui, para equilibrar as energias de um ambiente.

Da mesma forma, os símbolos de energias dos elementos, dos signos e dos planetas podem ser representados da seguinte forma:

✧ **ELEMENTOS**

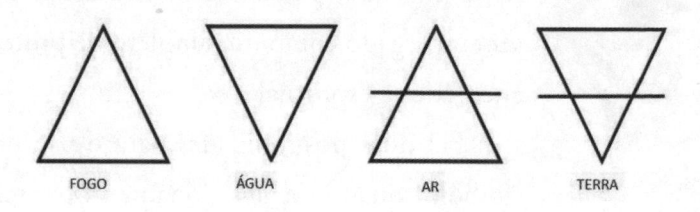

△ ▽ △̄ ▽̄
FOGO ÁGUA AR TERRA

✧ **SIGNOS**   ✧ **PLANETAS**

⟡ SIGILOS MÁGICOS

Os sigilos são símbolos criados pelas bruxas e praticantes de magia. Nestes símbolos estão palavras, letras e números em códigos. O sigilo foi criado para "abreviar" e ao mesmo tempo esconder uma intenção.

Existem várias maneiras de criar um sigilo. Você pode, por exemplo, criar uma frase ou um encantamento, abreviar e embaralhar as letras até formar um desenho. Com esse desenho você pode fazer um amuleto, pode queimar no caldeirão ou marcar uma vela.

⟡ COMO CRIAR UM SIGILO

Primeiro tenha em mente sua intenção. Digamos que você deseje fazer um amuleto para amor-próprio.

Escreva uma frase ou um encantamento que defina sua intenção, como:

"Desejo me amar mais e cuidar de mim. Sinto-me feliz do jeito que sou e sempre será assim!".

Agora você pode separar as letras da maneira que preferir, usando somente as vogais, somente as consoantes ou então somente as primeiras letras de cada palavra principal. Ficaria assim:

D M A M E C D M S M F D J Q S E S S A

Então você já pode tentar formar um desenho com as letras, ou se preferir pode reduzir ainda mais a frase, tirando as vogais.

D M M C D M S M F D J Q S S S

Se ainda não estiver fácil de criar um desenho, tire todas as letras repetidas.

D M C S F J Q

E a partir dessas letras você cria o desenho que quiser. Misturando as letras, trocando de lado, deixando umas maiores outras menores, use a criatividade.

Esse sigilo do exemplo poderia ficar então desta maneira:

Crie seus sigilos e anote em um livro das sombras a finalidade de cada um e como você chegou àquele desenho final.

Além de seus próprios sigilos, você pode usar em suas magias alguns sigilos que já são muito conhecidos e utilizados em diferentes tradições.

Pesquise bastante antes de usar um símbolo pronto, certifique-se de que ele realmente tenha a energia que você deseja utilizar.

RUNAS NÓRDICAS

◇ ALFABETO RÚNICO

O alfabeto rúnico foi criado com base nos símbolos rúnicos a fim de facilitar a compreensão da escrita pelos guerreiros e mercadores. Esse alfabeto recebeu o nome de *Futhark*, junção das primeiras letras de seis runas. O *Futhark* tradicional possui 24 runas, divididas em três famílias chamadas de *Aettir*.

Aettir Fehu: associado ao plano físico e material.
Aettir Hagal (ou *Hagalaz*): associado ao plano emocional.
Aettir Tyr (ou *Teiwaz*): associado ao plano espiritual.

◇ SIGNIFICADOS DAS RUNAS NÓRDICAS

As runas nórdicas, além de serem letras do alfabeto, também possuem energias individuais. Essas energias podem ser usadas na potencialização de magias e poções, nas meditações, ou como amuleto com a finalidade de atrair boas energias para a pessoa ou para o lar. Os símbolos podem ser desenhados em velas, pedras, madeira, conchas, papel, no chão ou na areia.

Para uso como oráculo, as runas devem ser gravadas em objetos naturais como pedras, galhos ou conchas.

FEHU: abundância e fartura. | Atrai prosperidade e protege contra roubos, assaltos e furtos.

URUZ: renovação, realização e oportunidade. | Estimula a cura; mantém a boa saúde física e mental; ajuda a se libertar de traumas do passado.

THURISAZ: equilíbrio, decisão e discernimento. | Aumenta a concentração; estimula a memória e aprendizagem; desperta a vontade de agir; ajuda a livrar-se de culpas e de inimigos.

ANSUZ: comunicação, abertura de caminhos, conhecimento e intuição. | Estimula a clarividência; desenvolve magnetismo e persuasão; estimula novas ideias e processos criativos.

RAIDO: autonomia, conquista, liberdade, carreira e individualidade para conquistas. | Ajuda a ouvir avisos interiores; fortalece habilidades ritualísticas.

KANO: autoconfiança, abertura de caminhos, iluminação, oportunidade e resolução. | Estimula o raciocínio lógico; ajuda a enxergar coisas com clareza.

GEBO: amor, união, equilíbrio, receptividade e convivência. | Reforça a harmonia entre duas pessoas; estimula relacionamentos amorosos.

WUNJO: felicidade, otimismo, proteção e serenidade. | Reforça laços de amizade e harmonia; afasta a alienação.

HAGALAZ: mudança, proteção, força, justiça e limitação. | Protege contra tempestades e terremotos.

NAUTHIZ: necessidade, paciência, fé, perseverança e superação. | Ajuda a superar angústias, ódio e disputas; fortalece o emocional e financeiro; estimula o desenvolvimento de poderes psíquicos.

ISA: paciência, reflexão, esperança e equilíbrio. | Ajuda a ter mais paciência e concentração; favorece a satisfação sexual.

JERA: colheita, prosperidade, fartura, justiça, recompensa e retorno. | Estimula ideias e projetos; também usada para fertilidade e para gestação.

EIHWAZ: recompensa futura, solução, autoconfiança e desmistificação. | Protege nas viagens e mudanças.

PERTH: segredo, revelação, mistério, futuro, leveza e liberdade. | Ajuda a descobrir algo que está oculto e forçar uma coincidência.

ALGIZ: agradecimento, otimismo, integridade e proteção contra o mal. | Estimula a expansão, o crescimento e os avanços.

SOWELU: realização, sucesso, plenitude, força e vitória. | Aumenta a energia vital e fortalece o equilíbrio físico e mental.

TEIWAZ: coragem, proteção, determinação e força de vontade. | Fortalece o equilíbrio, a justiça e o direcionamento.

BERKANA: fertilidade, nutrição, fortalecimento, amparo. | Fortalece a fertilidade para a gestação; ajuda a descobrir energias negativas.

EHWAZ: movimento, mudança, transição, liberdade e proteção. | Ajuda a apagar o medo do velho e deixar tudo no passado.

MANNAZ: comunicação, verdade, revelação, desobstrução, essência e humanidade. | Ajuda na interiorização, no autoconhecimento e na regressão da memória.

LAGUZ: fluidez, limpeza, purificação, reavaliação, reorganização, intuição e força criativa. | Ajuda a desenvolver a mediunidade e a paranormalidade.

INGUZ: força divina, bênção, iluminação, pureza, essência, finalização e concretização. | Ajuda a desenvolver a intuição e os poderes psíquicos.

DAGAZ: transformação, transmutação e ascensão. | Ajuda na mudança de situações impossíveis.

OTHILA: desapego, libertação e troca. | Influencia na mudança de residência; fortalece a união familiar.

RUNAS
DAS BRUXAS

As runas das bruxas podem ser desenhadas em pedras, conchas ou galhos, e usadas como um oráculo diário, ou para tirar eventuais dúvidas.

Para isso, basta colocá-las em uma bolsa, mentalizar sua pergunta e sortear uma runa. Consulte o significado dela e associe-o a sua dúvida para decifrar a resposta.

SOL: boas notícias, vitalidade, saúde, justiça e energia masculina. | Momento de iluminação; hora de lutar por desejos.

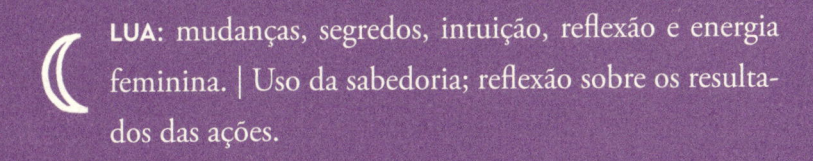

LUA: mudanças, segredos, intuição, reflexão e energia feminina. | Uso da sabedoria; reflexão sobre os resultados das ações.

VOO: movimento, viagem, mudanças, desafios, comunicação e novidades. | Os obstáculos começam a ser superados; busca por novas conquistas.

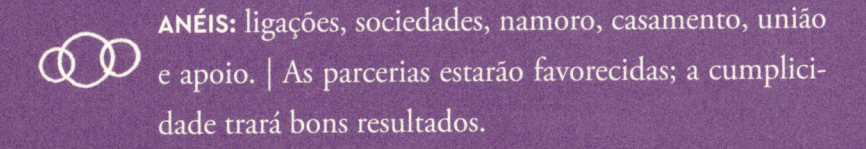

ANÉIS: ligações, sociedades, namoro, casamento, união e apoio. | As parcerias estarão favorecidas; a cumplicidade trará bons resultados.

ROMANCE: amor, paixão, união, sexualidade, fertilidade e harmonia. | Momento de romance e paixão; reconciliações também serão favorecidas.

MULHER: sensibilidade, criatividade, intuição, fertilidade e maternidade. | Período positivo em que os problemas serão resolvidos por meio da intuição e criatividade.

HOMEM: proteção, ação, sabedoria, estabilidade, ordem e paternidade. | As oportunidades irão aparecer – no entanto, é necessário cautela para evitar discussões que podem gerar mais problemas.

COLHEITA: resultados, recompensas, bênçãos, mudanças e oportunidades. | Momento de receber os resultados das ações, sejam boas ou ruins, e podem trazer o aprendizado necessário.

ENCRUZILHADA: decisão, caminhos, mudanças, relações, dificuldades e medo. | O medo do futuro pode gerar insegurança. É importante não desistir dos ideais, e persistir no caminho daquilo que trará felicidade.

ESTRELA: realização, liberdade, força, proteção e bênção. | Atenção aos sinais que indicam as oportunidades; realização de pedidos.

ONDAS: movimento, insegurança, espiritualidade e sensibilidade. | Momento de grande força espiritual para buscar segurança e força necessárias; nem tudo o que acontece estará sob o seu controle.

FOICE: términos, mudanças, acertos, rompimento, fim de um ciclo e perigo. | Momento de eliminar tudo o que prejudica a trajetória; é necessário proteção contra energias ruins.

OLHO: clareza, observação, revelação, interiorização e intuição. | Enxergar além do véu e das máscaras, e perceber a verdade sendo revelada.

A ENERGIA DOS NÚMEROS

Cada um dos números possui uma energia diferente, por isso suas representações podem ser usadas para potencializar magias.

Os números podem ser usados na quantidade de velas ou cristais em um feitiço, na quantidade de ingredientes em uma receita mágica, ou mesmo no próprio número grafado em um papel para feitiços ou meditações. Veja a energia de cada um deles.

1 – Pioneirismo, liderança, individualidade, ação, coragem, força, originalidade, independência, criatividade, ambição, objetividade, realização.

2 – Dualidade, companheirismo, cooperação, gentileza, empatia, amizade, diplomacia, paciência, harmonia, equilíbrio, sensibilidade, discrição, adaptabilidade, ordem.

3 – Crescimento, criatividade, inteligência, entusiasmo, otimismo, sociabilidade, comunicação, expressão, adaptabilidade, objetividade.

4 – Sustentação, segurança, estabilidade, confiança, honestidade, ordem, praticidade, trabalho, objetividade, lealdade.

5 - Mudança, versatilidade, liberdade, harmonia, responsabilidade, evolução, curiosidade, inteligência, otimismo.

6 - Responsabilidade, criatividade, honestidade, fidelidade, amor, carinho, família, estabilidade, harmonia, ordem, equilíbrio.

7 - Sabedoria, espiritualidade, misticismo, intuição, concentração, sensibilidade, conhecimento, reflexão, introspecção, tranquilidade, justiça, perfeição.

8 - Prosperidade, profissionalismo, renovação, poder, força, determinação, autoconfiança, disciplina, inteligência, justiça, lealdade, equilíbrio, racionalidade.

9 - Generosidade, fraternidade, altruísmo, amor universal, compaixão, realização, espiritualidade, sabedoria, criatividade, serenidade.

SIGNIFICADO DOS ARCANOS MAIORES DO TARÔ

Os arcanos maiores podem ser usados para atrair as energias desejadas em um feitiço ou ritual, além dos usos em meditações, como o oráculo diário ou para responder perguntas rapidamente.

▷ **ARCANO I (1) – O MAGO**
SIGNIFICADOS: domínio sobre os obstáculos, força de vontade, confiança em si mesmo, influência sobre outras pessoas, uso da diplomacia para alcançar objetivos.
PALAVRAS-CHAVE: domínio, poder, capacidade, esforço, realização, iniciativa, habilidade, força, sucesso.
SENTIDO NEGATIVO: ilusão, mentira, discussão, indecisão, mau uso do poder.

▷ **ARCANO II (2) – A SACERDOTISA**
SIGNIFICADOS: mudanças, oscilações, subidas e descidas, perdas e ganhos. Momento de muita intuição que deve ser utilizada para alcançar os objetivos.
PALAVRAS-CHAVE: sabedoria, intuição, sensibilidade, mediunidade, mistério, paciência, compreensão, consideração, maternidade, feminilidade.

SENTIDO NEGATIVO: rancor, hipocrisia, indiferença, fanatismo, preguiça, atrasos.

▷ **ARCANO III (3) - A IMPERATRIZ**
SIGNIFICADOS: momento de sorte e força que torna mais fácil conquistar o que se deseja; aumento de prosperidade e bens materiais; os obstáculos serão vencidos.
PALAVRAS-CHAVE: sabedoria, iniciativa, idealismo, discernimento, crescimento, amor, beleza, felicidade, maternidade, feminilidade, sensualidade, delicadeza.
SENTIDO NEGATIVO: vaidade, futilidade, discussões, atrasos.

▷ **ARCANO IV (4) - O IMPERADOR**
SIGNIFICADOS: resultados positivos; a confiança levará ao sucesso esperado; momento de segurança, ordem e estabilidade.
PALAVRAS-CHAVE: poder, liderança, pioneirismo, conquista, proteção, estabilidade, ordem, masculinidade, paternidade.
SENTIDO NEGATIVO: autoritarismo, teimosia, autodestruição, perda, queda.

▷ **ARCANO V (5) - O PAPA**
SIGNIFICADOS: momento de estruturação; o trabalho será duro, mas no fim trará a estabilidade e segurança de que

necessita; agir com prudência e calma, sempre avaliando antes de arriscar.

PALAVRAS-CHAVE: moral, autoridade, lealdade, respeito, confiança, intuição, sacerdócio, bondade, aliança, sociedade.

SENTIDO NEGATIVO: indecisão, negligência, problemas de saúde, rigidez, mau uso da autoridade; não cumprir o que prega.

▷ **ARCANO VI (6) – OS ENAMORADOS**
SIGNIFICADOS: momento de tomar decisões, com caminhos a escolher; necessidade de satisfazer suas necessidades antes de fazer o que deseja.
PALAVRAS-CHAVE: escolhas, indecisão, livre-arbítrio, luta, equilíbrio, ligação, matrimônio, atração, amor, dualidade.
SENTIDO NEGATIVO: divórcio, separação, dúvida, libertinagem, infidelidade.

▷ **ARCANO VII (7) – A CARRUAGEM**
SIGNIFICADOS: momento em que você deve tomar as rédeas da sua vida; promete mudanças boas e vitórias.
PALAVRAS-CHAVE: confiança, coragem, espírito aventureiro, progresso, diplomacia, força, boa saúde, atividade, ações rápidas.
SENTIDO NEGATIVO: megalomania, oportunismo, perda de controle, preocupações, cansaço.

▷ **ARCANO VIII (8) - A JUSTIÇA**
SIGNIFICADOS: é chegada a hora de colher o que foi plantado, as boas atitudes trarão bons resultados; momento de estabilidade, disciplina e equilíbrio.
PALAVRAS-CHAVE: justiça, equilíbrio, ordem, harmonia, retribuições, flexibilidade, obediência, correção, persistência.
SENTIDO NEGATIVO: injustiça, desordem, perda, preconceito.

▷ **ARCANO IX (9) - O EREMITA**
SIGNIFICADOS: momento de introversão e autoconhecimento; sabedoria para trilhar o próprio caminho; passar a cumprir as suas próprias vontades.
PALAVRAS-CHAVE: sabedoria, recolhimento, autoconhecimento, prudência, proteção, estudo, encerramento.
SENTIDO NEGATIVO: isolamento, ocultação, corrupção, disfarce, traição, medo.

▷ **ARCANO X (10) - A RODA DA FORTUNA**
SIGNIFICADOS: novo ciclo, mudanças em todas as áreas da vida, acontecimentos inesperados, causa e efeito.
PALAVRAS-CHAVE: destino, mudança, recomeço, progresso, crescimento.
SENTIDO NEGATIVO: imprevistos, instabilidade, falta de sorte, descuido.

▷ **ARCANO XI (11) – A FORÇA**
SIGNIFICADOS: domínio sobre as situações; saber controlar o próprio poder; uso das capacidades para alcançar um objetivo.
PALAVRAS-CHAVE: poder, vitalidade, paixão, coragem, virtude, controle.
SENTIDO NEGATIVO: falta de autodisciplina, insensibilidade, violência, impaciência, falta de atenção.

▷ **ARCANO XII (12) – O ENFORCADO**
SIGNIFICADOS: momento angustiante em que será preciso muita vontade para alcançar os objetivos; sacrifício por algo valioso; ver tudo de maneira diferente.
PALAVRAS-CHAVE: sacrifício, angústia, abnegação, entrega, compreensão, lição, sabedoria.
SENTIDO NEGATIVO: não aceitação, impotência, perdas, passividade, reticência.

▷ **ARCANO XIII (13) – A MORTE**
SIGNIFICADOS: momento de transformações; fim necessário para dar início a uma nova fase; mal que vem para o bem; abandono de velhos hábitos.
PALAVRAS-CHAVE: transformação, morte, renascimento, libertação, final.
SENTIDO NEGATIVO: morte, pessimismo, imobilidade, indiferença, perdas.

✧ **ARCANO XIV (14) - A TEMPERANÇA**
SIGNIFICADOS: momento de equilíbrio e estabilidade; renovações e mudanças; aceitação dos acontecimentos; flexibilidade para se adaptar às transformações.
PALAVRAS-CHAVE: harmonia, equilíbrio, serenidade, renovação, adaptação, paz.
SENTIDO NEGATIVO: desequilíbrio, acomodação, desordem, indiferença, passividade.

✧ **ARCANO XV (15) - O DIABO**
SIGNIFICADOS: é hora de focar nos seus reais objetivos para não cair em armadilhas; momento de maior desejo, ambição e impulsividade.
PALAVRAS-CHAVE: poder, sedução, materialismo, magnetismo, vontade, mistério, destino.
SENTIDO NEGATIVO: destruição, fatalidade, vício, dependência, corrupção.

✧ **ARCANO XVI (16) - A TORRE FULMINADA**
SIGNIFICADOS: momento de transformações dolorosas; libertação para um recomeço; renúncia de algumas coisas para abrir espaço a outras.
PALAVRAS-CHAVE: renovação, mudança, libertação, destruição, final.

SENTIDO NEGATIVO: perdas, insegurança, separação, confusão, abuso, imprudência.

⟡ ARCANO XVII (17) – A ESTRELA

SIGNIFICADOS: esperança, conquistas e energias positivas; momento de reconexão com o melhor de si, grande sensibilidade e intuição.

PALAVRAS-CHAVE: esperança, iluminação, confiança, plenitude, beleza, idealismo, positividade.

SENTIDO NEGATIVO: arrogância, dúvidas, insensatez, falta de sorte, falta de perspectiva.

⟡ ARCANO XVIII (18) – A LUA

SIGNIFICADOS: momento de introspecção para avaliar a própria vida; planejamento dos próximos passos; intuição aflorada.

PALAVRAS-CHAVE: mudanças, aprendizado, intuição, sensibilidade, lucidez, objetividade.

SENTIDO NEGATIVO: ilusão, enganos, decepção, inimigos ocultos, medo, insegurança, loucura.

⟡ ARCANO XIX (19) – O SOL

SIGNIFICADOS: momento de iluminação, sucessos e conquistas; aumento de poder e planos que se realizam; determinação a fim de conseguir alcançar objetivos.

PALAVRAS-CHAVE: vitalidade, força, alegria, sucesso, harmonia, paz, crescimento, clareza, intuição, espiritualidade, razão, sabedoria.

SENTIDO NEGATIVO: arrogância, vaidade, deslumbramento, egoísmo, ingenuidade.

⟡ ARCANO XX (20) – O JULGAMENTO

SIGNIFICADOS: não julgar para não ser julgado; momento de avaliação sobre si mesmo e sobre o seu passado; despertar para um novo começo.

PALAVRAS-CHAVE: renovação, despertar, reanimação, libertação, surpresa, reflexão, resultado.

SENTIDO NEGATIVO: aprisionamento, autoilusão, fraqueza, erros.

⟡ ARCANO XXI (21) – O MUNDO

SIGNIFICADOS: momento de plena realização, sucesso e sorte em todos os setores da vida; representa o fim dos problemas e o triunfo sobre eles.

PALAVRAS-CHAVE: realização, sucesso, sorte, força, recompensa, finalização, circunstâncias favoráveis, riqueza, alegria, plenitude, harmonia, boa saúde.

SENTIDO NEGATIVO: estagnação, distração, fracasso, falta de sorte, fuga.

✧ ARCANO XXII (22) - O LOUCO

SIGNIFICADOS: novos caminhos para outros rumos; momento de alegria, prazer e despreocupação; atenção ao equilíbrio pessoal.

PALAVRAS-CHAVE: espontaneidade, impulsividade, liberdade, independência, voz interior, vivacidade, curiosidade.

SENTIDO NEGATIVO: loucura, perturbação, alienação, desilusão, irresponsabilidade, abandono.

© Arquivo pessoal

GABI VIOLETA é praticante e eterna estudante da Bruxaria Natural. Mora na cidade de São Paulo desde que nasceu, um lugar onde teve que aprender a procurar a natureza ao seu redor. Aos poucos foi aprendendo a enxergar a magia em tudo, o que a transformou por dentro e por fora. Criou o blog "Naturalmente Bruxa", que também virou canal no YouTube, para mostrar a magia que cada um tem dentro de si e quem sabe fazer uma transformação na sua vida.

MAGIAS E ANOTAÇÕES

**Acreditamos
nos livros**

Este livro foi composto em Adobe Garamond Pro e
Cera Pro e impresso pela Gráfica Santa Marta para a
Editora Planeta do Brasil em setembro de 2022.